Michel Eyguem de Montaigne, 1533 auf Schloß Montaigne im Périgord geboren, ist 1592 ebendort gestorben.

Die *Essais* von Montaigne sind ein Buch ganz eigener Art. Seit ihrem Erscheinen 1580 haben sie nicht aufgehört, Generationen von Lesern zu beschäftigen, teils Widerspruch, teils Enthusiasmus hervorrufend.

Gegenstand dieser Auswahl seiner bekanntesten und bedeutendsten Essais sind die Freundschaft und sittliche Fragen, die den Menschen bewegen, seine Tugenden und Laster. Montaigne führt ein Gepräch mit dem Leser, locker, geistreich, beweglich und skeptisch. Der Autor erscheint bis in die eingestandenen Eitelkeiten hinein als vollkommen menschlich und vor allem ehrlich: Er scheint nichts zu verbergen, er will sich nicht gelehrt geben, kein Philosoph sein, kein bedeutender Politiker, er will als Mensch zu Menschen sprechen, gleichsam als deren Freund.

insel taschenbuch 3395
Montaigne
Über die Freundschaft

Michel de Montaigne
Über die Freundschaft

Ausgewählte Essais
Insel Verlag

insel taschenbuch 3395
Erste Auflage dieser Ausgabe 2008
© Insel Verlag Frankfurt am Main und Leipzig 1960 und 2008
Alle Rechte vorbehalten, insbesondere das
des öffentlichen Vortrags sowie der Übertragung
durch Rundfunk und Fernsehen, auch einzelner Teile.
Kein Teil des Werkes darf in irgendeiner Form
(durch Fotografie, Mikrofilm oder andere Verfahren)
ohne schriftliche Genehmigung des Verlages reproduziert
oder unter Verwendung elektronischer Systeme
verarbeitet, vervielfältigt oder verbreitet werden.
Hinweise zu dieser Ausgabe am Schluß des Bandes
Vertrieb durch den Suhrkamp Taschenbuch Verlag
Druck: CPI – Ebner & Spiegel, Ulm
Printed in Germany
ISBN 978-3-458-35095-8

1 2 3 4 5 6 – 13 12 11 10 09 08

INHALT

VON DER FREUNDSCHAFT

Bei der Betrachtung der eigentümlichen Anlage eines Wand-
bildes in meinem Hause kam mir der Gedanke, den Maler nachzuahmen. Er hatte die schönste Stelle in der Mitte
jeder Wand gewählt und dorthin ein Bild gemalt, auf das
er sein ganzes Können verwandt hatte, und den leeren
Raum ringsherum hatte er mit Grotesken gefüllt, mit phan-
tastischen Darstellungen also, deren ganzer Reiz in der Mannigfaltigkeit und Seltsamkeit besteht. Und was sind das,
in Wahrheit, auch hier anderes als Grotesken und Miß-
geburten, aus verschiedenen Gliedern zusammengestückt,
ohne feste Gestalt, ohne Ordnung, Zusammenhang noch
Verhältnis als durch Zufall?

Desinit in piscem mulier formosa superne.
[Unten endigt im Fisch die oberwärts schöne Frau.
                                   Horaz, Ars poetica 4]

In diesem einen Punkte tue ich es meinem Maler gleich,
aber beim andern und besseren Teil bleibe ich hinter ihm
zurück, denn meine Fähigkeiten gehen nicht so weit, daß
ich ein prächtiges ebenmäßiges Bild nach den Regeln der
Kunst auszuführen wagte. So bin ich auf den Gedanken gekommen, von Estienne de La Boëtie eins zu entlehnen,
durch das diese ganze Arbeit ihren Wert erhält. Es ist eine
Rede, die er ›Die freiwillige Knechtschaft‹ genannt hat,
aber die, welche das nicht wußten, haben sie später ganz
passend ›Wider-den-Einen‹ getauft.* Er schrieb sie in sei-

* Diese Rede, die den Schluß des Essays bilden sollte, wurde von Mon-

ner frühsten Jugend als Versuch wider die Tyrannen zur Verherrlichung der Freiheit. Sie geht seit einiger Zeit unter verständigen Leuten von Hand zu Hand, und nicht ohne großen und verdienten Ruhm, denn sie ist edel und unvergleichlich reich. Und gleichwohl kann man sagen, daß sie nicht das Beste war, was er hätte geben können; denn hätte er in dem reiferen Alter, in dem ich ihn kennengelernt, einen ähnlichen Vorsatz gefaßt wie ich, nämlich seine Einfälle niederzuschreiben, so hätten wir darin manches erhalten, was über das übliche Maß hinausgeht und uns viel näher an die Alten heranbrächte. Denn namentlich, was die natürlichen Gaben betrifft, kenne ich niemand, der ihm vergleichbar wäre. Allein, er hat nur diese eine Rede hinterlassen, und auch das nur durch eine glückliche Fügung (und ich glaube nicht, daß er sie seit der Zeit, da er sie aus den Händen gegeben, noch einmal gesehen hat), und dann noch einige Denkschriften über das durch unsere Bürgerkriege berühmt gewordene Januaredikt,* die vielleicht anderwärts noch ihren Platz finden werden. Das ist, außer dem Bändchen mit seinen Werken, das ich veröffentlicht habe,** alles, was ich von seiner Hinterlassenschaft habe auffinden können, ich, dem er mit so liebevoller Empfehlung, schon vom Tode gezeichnet, durch sein Testament seine Bibliothek und seine Papiere vermacht hat. Doch dieser Rede bin ich sonderlich verpflichtet, hat sie doch unsere erste Bekanntschaft vermittelt. Denn sie war mir gezeigt worden lange Zeit, bevor ich ihn sah; durch sie lernte

taigne dann doch weggelassen, weil die Hugenotten sie seither zu polemischen Zwecken benützt hatten. (A. d. Ü.)

* Das Toleranzedikt von 1562 (A. d. Ü.)

** Lateinische und französische Gedichte und Übersetzungen nach Xenophon und Plutarch (A. d. Ü.)

ich seinen Namen kennen, und so führte sie diese Freundschaft in die Wege, die wir, solange es Gott gefiel, unter uns hegten, so unverletzt und so vollkommen, daß man gewiß von wenig dergleichen liest, und zu unserer Zeit keine Spur davon zu sehen ist. Es müssen, soll sie entstehen, so vielerlei Umstände zusammentreffen, daß es schon ein Wunder ist, wenn es das Glück in drei Jahrhunderten einmal dazu bringt.

Zu nichts scheint uns die Natur so sehr hinzuführen wie zur Gesellschaft. Aristoteles sagt, die guten Gesetzgeber hätten sich mehr als die Gerechtigkeit die Freundschaft angelegen sein lassen. Sie ist denn auch der höchste mögliche Grad einer Verbindung. Denn insgemein sind alle jene Verhältnisse, die Wollust oder Vorteil, ein öffentliches oder privates Bedürfnis zustande bringt und pflegt, desto weniger Freundschaften, als sie eine andere Ursache, einen anderen Zweck und Gewinn mit der Freundschaft vermischen.

Auch die vier herkömmlichen Arten: durch Geburt, Stand, Gastrecht und Geschlechtsliebe, schicken sich weder einzeln noch alle zusammengenommen dazu.

Ein Verhältnis von Kind zu Vater besteht viel eher aus Ehrfurcht. Die Freundschaft lebt aus einer gegenseitigen Mitteilung, die zwischen Vater und Kind wegen ihrer zu großen Verschiedenheit nicht statthaben kann, und die vielleicht die natürlichen Pflichten verletzen könnte. Denn alle seine geheimen Gedanken kann ein Vater nicht seinen Kindern mitteilen, wenn er nicht eine ungebührliche Vertraulichkeit schaffen will, noch kann ein Kind seinem Vater Warnungen und Verweise erteilen, welches doch eine der vornehmsten Pflichten der Freundschaft ist. Es hat Völker gegeben, bei denen es Brauch war, daß die Kinder ihre Väter umbrachten, andere, bei denen die Väter ihre Kinder töteten, um die Behinderung aus dem Weg zu schaffen, die gelegentlich einer dem andern bedeuten kann, denn natürlicherweise ist des einen Gedeihen nur auf Kosten des anderen möglich. Es hat Philosophen gegeben, die dieses natürliche Band verachteten, so Aristipp, der, wenn man ihm die Liebe vorhielt, die er seinen Kindern schulde, weil sie von ihm stammten, ausspuckte und dabei sagte, das stamme ebenso von ihm; und wir heckten ja auch Läuse und Würmer. Und jener andere, den Plutarch dazu bringen wollte, sich mit seinem Bruder zu vertragen, sagte: »Ich mache mir deshalb nicht mehr aus ihm, weil wir aus dem gleichen Loch hervorgekommen sind.« In Wahrheit ist er ein schöner und liebreicher Name, der Brudername, und daher haben wir, er und ich, mit ihm unser Bündnis geschlossen. Allein die Vermengung der Güter, die Teilungen, und daß des einen Reichtum des andern Armut bedeutet, das macht dieses brüderliche Band merkwürdig lose und schläff. Da Brüder auf dem gleichen Weg und mit einerlei Mitteln ihr Glück machen müssen, kann es nicht anders sein, als daß sie oft aneinandergeraten und sich stoßen. Überdies, weshalb sollte sich gerade bei ihnen jene Übereinstimmung und Gemeinschaft einstellen, welche die wahre und vollkommene Freundschaft erzeugt? Vater und Sohn können von ganz verschiedener Gemütsart sein, desgleichen Brüder. Das ist mein Sohn, das ist mein Vetter, allein er ist ein zorniger Mensch, ein Bösewicht oder ein Narr. Überdies sind dies Freundschaften, wie sie uns durch Gesetz und natürliche Pflicht auferlegt werden und nicht durch unsere eigene Freiheit und Wahl. Bringt doch unser

freier Wille nichts hervor, was mehr seine eigene Schöpfung wäre, als eben Zuneigung und Freundschaft. Nicht
etwa, daß ich nicht auch in diesem Belange alles erprobt
hätte, was darin möglich ist, indem ich den besten Vater,
der je gewesen ist, und den gütigsten bis in sein spätestes
Alter gehabt habe und dazu aus einem Haus stamme, das
vom Vater auf den Sohn berühmt ist und vorbildlich in
Ansehung der brüderlichen Eintracht,

et ipse
Notus in fratres animi paterni.
[und ich selbst bekannt für meine väterliche Neigung zu
den Brüdern.   Horaz, Oden II, II, 6]

Auch unsere Zuneigung zu Frauen läßt sich nicht damit
vergleichen, obwohl sie auf unserer Wahl beruht; zu dieser
Rolle taugt sie nicht. Ihr Feuer, ich gestehe es,

neque enim est dea nescia nostri
Quae dulcem curis miscet amaritiem,
[denn auch mich ja kennt die Göttin, die unter den Kummer süße Bitterkeit mischt.
                          Catull, Epigramme, LXVIII, 17 f.]

ihr Feuer ist heftiger, heißer und stechender. Allein es ist
ein wildes und flüchtiges Feuer, flatternd und wechselnd,
eine Fieberhitze, die uns anfällt und dann wieder nachläßt
und die uns nur an einem Ende hält. In der Freundschaft jedoch herrscht eine allgemeine und alles erfassende Wärme,
übrigens gemäßigt und immer gleich, eine beständige und
ruhige Wärme, ganz Freundlichkeit und Sitte, niemals hef-

tig und scharf. Dazu kommt, daß die Liebe nur ein rasendes
Begehren kennt nach dem, was uns flieht:

Come segue la lepre il cacciatore
Al freddo, al caldo, alla montagna, al lito;
Nè più l'estima poi che presa vede,
E sol dietro a chi fugge affretta il piede.
[Wie der Jäger den Hasen verfolgt, bei Kälte und Wärme,
über Berge und im Tal; er beachtet ihn nicht mehr, wenn
er ihn gefangen, sondern nur dem fliehenden setzt er nach.
Ariost, Orlando furioso, X, VII]

Sobald sie aber, wie es bei der Freundschaft ist, gegenseitig wird, vergeht sie und erschlafft. Der Genuß ist ihr Verderben, da diese Liebe nur das Körperliche sucht und in
der Sättigung endet. Die Freundschaft hingegen ist Genuß
nach dem Maß des Begehrens; sie steigert sich, lebt und
wächst gerade im Genuß, da sie geistiger Art ist und die
Seele sich in ihrer Übung läutert. Neben dieser vollkommenen Freundschaft haben ehedem auch jene flüchtigen Leidenschaften bei mir Raum gefunden, von ihm nicht zu reden, der sie in seinen Gedichten nur zu deutlich bekennt.
So sind sich beide Neigungen in mir begegnet, doch ohne
sich je zu messen: Die eine zieht ihren erhabenen Flug auf
stolzer Höhe und sieht die andere weit unter sich auf- und
niederstoßen.

Die Ehe nun ist nicht nur ein Handel, bei dem uns nur
der Anfang freisteht (ihre Dauer wird uns mit Gewalt auf-
gezwungen und hängt von anderem als von unserem Willen ab) – ein Handel zudem, der gewöhnlich zu anderen
Zwecken eingegangen wird: sondern es sind dabei auch

tausend fremde Dinge mit im Spiel, genug, um die Parteien zu entzweien und den Fortgang einer lebhaften Neigung zu unterbrechen, wo die Freundschaft allein mit sich zu tun und zu verkehren hat. Dazu kommt, daß die Begabung der Frauen gemeinhin solchem Gespräch und Umgang nicht genügt, von dem diese heilige Verbindung lebt; noch scheint ihre Seele stark genug zu sein, den Druck einer so engen und dauerhaften Umschlingung auszuhalten. Wenn diese allerdings nicht wäre, wenn man einen solchen Umgang mit voller Willensfreiheit von der Art schaffen könnte, daß darin nicht nur die Seelen diesen völligen Genuß, sondern auch die Körper ihren Teil an der Verbindung hätten, in die sich so der ganze Mensch einließe: sicher wäre dann die Freundschaft noch um das erfüllter und umfassender. Aber jenes Geschlecht hat es noch in keinem Beispiel soweit gebracht und ist nach der einstimmigen Meinung der alten Schulen davon ausgeschlossen.

Und jene andere unter Griechen übliche Freiheit wird mit Recht von unseren Sitten verabscheut. Jedoch auch sie, weil ihr Brauch eine so große Ungleichheit im Alter und in den Pflichten zwischen den Liebenden verlangte, entsprach nicht genau der vollkommenen Vereinigung und Übereinstimmung, die wir hier fordern:

Quis est enim iste amor amicitiae? Cur neque deformem adolescentem quisquam amat, neque formosum senem?
[Was ist es denn mit dieser liebenden Freundschaft? Warum liebt keiner einen häßlichen Jüngling, keiner einen schönen Greis?   Cicero, Tusculanae, IV, XXXIII]

Wird doch selbst das Bild, das die Akademie* davon gibt, mir, wie ich glaube, nicht unrecht geben, wenn ich in ihrem Namen folgendes sage: Jene erste Raserei, durch den Sohn der Venus im Herzen des Liebhabers nach der Blüte einer zarten Jugend entfacht, der sie jeden Aufruhr wildester Leidenschaft, den eine ungebändigte Glut erzeugen kann, nachsehen, war nur auf eine äußere Schönheit gerichtet, das trügerische Bild der körperlichen Zeugung. Denn an den Geist konnte sie sich nicht halten, dessen Zeichen noch verborgen waren, so kaum geboren und noch vor der Zeit des Wachstums. Ergriff nun diese Raserei ein niedriges Gemüt, so brauchte es als Mittel zu seinem Ziel Reichtümer, Geschenke, Begünstigung auf dem Weg zu höheren Würden und ähnliche Ware niedriger Art, die sie verwerfen. Überfiel sie aber ein edleres Gemüt, so waren Mittel und Wege gleichfalls edel: philosophische Unterweisung; Ermahnungen, auf die Lehren der Religion zu achten, den Gesetzen zu gehorchen, für das Wohl des Landes zu sterben; Beispiele der Beherztheit, Klugheit, Gerechtigkeit. Dabei war der Liebhaber bemüht, sich durch seine innere Anmut und Schönheit angenehm zu machen, da die des Körpers längst verwelkt war, und hoffte, durch geistige Gemeinsamkeit ein festeres und dauerhafteres Verhältnis herzustellen. Wenn dieses Werben dann zum Ziel gelangte (denn was sie vom Liebhaber nicht verlangten: Geduld und Zurückhaltung in seinem Tun, genau das forderten sie vom Geliebten, um so mehr, als er über eine innere Schönheit urteilen mußte, die sich nur schwer kennenlernen und nur mühsam entdecken läßt), dann entstand im Geliebten ein Verlangen nach geistiger Empfängnis durch

* Die platonische (A. d. Ü.)

16

das Mittel geistiger Schönheit. Diese war für ihn die vornehmste, die körperliche aber nur zufällig und nebensächlich, ganz im Gegensatz zum Liebhaber. Aus diesem Grunde geben sie dem Geliebten den Vorzug und stellen fest, daß auch die Götter ihn vorziehen, und sie schelten den Dichter Äschylus sehr, daß er in der Liebe zwischen Achill und Patroklos die Rolle des Liebhabers dem Achill zuweist, der, noch unbärtig, in der ersten Blüte seiner Jugend stand, der Schönste aller Griechen. In einer solchen vollständigen Gemeinschaft wirkt sich die vornehmste und würdigste Kraft der Freundschaft weiter aus und herrscht; daraus zogen, wie sie sagen, die einzelnen und das Gemeinwesen großen Gewinn; das mache die Stärke der Länder aus, in denen dieser Brauch bestehe, und sei der beste Schutz von Recht und Freiheit, wie aus der heilvollen Liebe von Harmodios und Aristogeiton erhelle. Aus diesem Grund nennen sie sie heilig und göttlich und sehen in der Gewalttätigkeit der Tyrannen und in der Feigheit des Volkes ihre einzigen Feinde. Kurz, was man zugunsten der Akademie sagen kann, ist, daß diese Liebe sich in Freundschaft vollendete. Das kommt schon der Definition ganz nahe, welche die Stoa von der Liebe gibt:

Amorem conatum esse amicitiae faciendae ex pulchritudinis specie.
[Liebe ist ein Drang, sich von der schönen Erscheinung aus zur Freundschaft zu erheben.

Cicero, Tusculanae, IV, XXXIV]

Ich komme auf meine Beschreibung zurück, aber billiger und angeglichener:

Omnino amicitiae, corroboratis iam confirmatisque inge-
niis et aetatibus, iudicandae sunt.

[Überhaupt kann man über eine Freundschaft erst dann
urteilen, wenn das Gemüt durch die Jahre zu seiner Reife
und endgültigen Ausprägung gelangt ist.

Cicero, De amicitia, xx]

Was wir im übrigen gemeinhin Freunde und Freundschaft
nennen, sind nur vertraute Verhältnisse, bei guter Gelegenheit oder günstiger Aussicht angebahnt, dank der sich unsere Seelen unterhalten. In der Freundschaft jedoch, von
der ich spreche, vermischen und vereinigen sie sich, eine
in der andern, zu so vollkommener Einheit, daß sie die
Nahtstelle, durch die sie verbunden sind, unkenntlich machen und nicht mehr finden können. Wenn man mir zusetzt
zu sagen, warum ich ihn liebte, merke ich, daß sich das
nicht anders ausdrücken läßt als durch die Worte: weil *er*
es war, weil *ich* es war.

Hoch über meinem Verstand und über dem, was sich
beschreiben läßt, waltet eine unbekannte unbegreifliche
Schicksalsmacht, Mittlerin dieses Bundes. Wir suchten uns,
bevor wir uns gesehen, weil wir voneinander hatten reden
hören, was auf unsere Zuneigung weit stärker wirkte, als
sonst gemeinhin Berichte tun, ich glaube, durch eine Fügung des Himmels: Wir umarmten uns schon in unseren
Namen. Und wie wir uns zum ersten Mal begegneten, was
zufällig bei einer großen Festlichkeit und Gesellschaft in
der Stadt geschah, fanden wir uns schon so voneinander
eingenommen, so miteinander bekannt und so einander verpflichtet, daß von Stund an beständig einer dem andern der
liebste war. Er schrieb eine lateinische Satire, die veröf-

fentlicht ist, in der er die Unmittelbarkeit unseres so rasch zur Vollendung gelangten Einverständnisses rechtfertigt und erklärt. Unsere Freundschaft sollte nur so kurze Zeit dauern, sie hatte so spät begonnen (denn wir waren beide erwachsene Männer und er noch einige Jahre älter als ich), daß keine Zeit verlorengehen durfte und sie sich nicht nach den schlaffen, gewöhnlichen Freundschaften richten konnte, bei denen es so vieler Vorsicht in langem vorausgehendem Umgang bedarf. Diese Freundschaft hat keinen andern Begriff außer sich selbst und kann nur auf sich selbst bezogen werden. Nicht eine besondere Erwägung oder zwei oder drei oder vier oder tausend, sondern ich weiß nicht was für eine Quintessenz aus dieser ganzen Mischung ergriff meinen ganzen Willen und führte ihn dazu, sich in den seinen zu versenken und zu verlieren, ergriff seinen Willen und brachte ihn dazu, sich in den meinen zu versenken und zu verlieren, in gleichem Hunger und Wettstreit. Ich sage mit Recht ›verlieren‹, denn wir enthielten uns nichts vor, was unser eigen, was sein oder mein Besitz geblieben wäre.

Als Laelius in Gegenwart der römischen Konsuln, die nach der Verurteilung des Tiberius Gracchus alle seine ehemaligen Vertrauten verfolgten, den Caius Blosius (des Tiberius Gracchus vornehmsten Freund) fragte, was er alles für jenen zu tun bereit gewesen wäre, gab der zur Antwort: »Alles.« – »Wie, wirklich alles?« fragte Laelius weiter: »Und wenn er dir den Befehl gegeben hätte, unsere Tempel in Brand zu stecken?« – »Das hätte er nie befohlen«, versetzte Blosius. »Wenn er es nun aber getan hätte?« gab Laelius zurück. »So hätte ich gehorcht«, antwortete er. Wenn er wirklich so vollkommen des Gracchus Freund war, wie die Geschichte meldet, hätte er es gar nicht nötig gehabt, die Konsuln mit diesem letzten kühnen Bekenntnis aufzubringen; er hätte nicht von der festen Überzeugung abweichen dürfen, die er vom Willen des Gracchus hatte. Doch wer in seiner Antwort ein Zeichen von Aufruhr sieht, versteht dieses Geheimnis nicht recht und bedenkt nicht, daß er in Wirklichkeit doch den Willen des Gracchus in seiner Hand hatte, indem er ihn genau kannte und indem er ihn lenken konnte. Sie waren mehr Freunde als Bürger, mehr Freunde als Patrioten und Rebellen, als ehrgeizige Aufrührer. Da sie sich einer dem andern vollkommen anvertraut hatten, hielt jeder die Zügel der Neigungen des andern völlig in der Hand; man gebe nun diesem Gespann Tugend und Vernunft zum Lenker (ohne die es sich schon gar nicht anspannen ließe), so ist die Antwort des Blosius, wie sie sein mußte. Wenn ihre Handlungen auseinandergehen konnten, waren sie nach meinem Maßstab weder sich selber noch einer des andern Freund. Im übrigen bedeutet diese Antwort nicht mehr, als wenn mich einer fragen sollte: ›Wenn Euer Wille Euch befähle, Eure Tochter zu töten, würdet Ihr das tun?‹ und ich es bejahte. Eine solche Antwort beweist ja nicht im geringsten eine Zustimmung zu einer solchen Tat, bin ich doch meines Willens sicher und ebenso dessen eines solchen Freundes. Die ganze Welt könnte mich mit ihren Argumenten nicht von der Gewißheit abbringen, die ich von den Absichten und Meinungen meines Freundes habe. Keine einzige seiner Handlungen könnte mir vorgestellt werden, wie sie auch immer aussehen möchte, deren Triebfeder ich nicht unverzüglich finden wollte. Unsere Seelen sind so einträchtig eines Wegs gezogen, sie haben sich in so inbrünstiger

Zuneigung betrachtet und sich mit derselben Zuneigung gegenseitig bis in den letzten Winkel des Herzens gesehen, daß ich nicht allein seine Seele so gut kenne wie die meine, sondern daß ich mich gewiß viel lieber auf ihn verlassen hätte als auf mich selbst.

Man stelle mir ja nicht die andern Freundschaften, wie sie gemeinhin üblich sind, auf die gleiche Ebene: Ich kenne sie so gut wie einer, und darunter die vollkommensten in ihrer Art, aber ich rate nicht, daß man ihre Regeln verwechsle, man würde sich täuschen. In diesen andern Freundschaften muß man den Zaum in der Hand behalten und klug und vorsichtig vorangehen; die Verbindung ist nicht von der Art, daß gar kein Mißtrauen nötig wäre. »Liebe ihn,« sagte Chilon, »wie wenn du ihn eines Tages hassen müßtest; hasse ihn, wie wenn du ihn dereinst lieben müßtest!« Diese Regel, abscheulich in der höchsten und vornehmsten Freundschaft, ist heilsam bei den gewöhnlichen und üblichen Freundschaften, auf die das Wort paßt, das Aristoteles oft im Munde führte: »O meine Freunde, es gibt keine Freunde!«

In diesem edlen Umgang sind die Gefälligkeiten und Wohltaten, von denen die andern Freundschaften leben, nicht einmal wert, in Betracht gezogen zu werden, und zwar, weil unsere Willen so völlig miteinander verschmelzen. Denn genauso, wie meine Freundschaft zu mir selber durch die Hilfe, die ich mir nötigenfalls leiste, nicht zunimmt, was auch immer die Stoiker sagen mögen, und genauso, wie ich mir selber nicht Dank weiß für einen Dienst, den ich mir selber erweise, ebenso bewirkt die Einheit solcher Freunde, wenn sie wahrhaft vollkommen ist, daß sie an dergleichen Pflichten nicht mehr denken und die Worte Wohltat, Verpflichtung, Erkenntlichkeit, Bitte, Dank und andere dergleichen, die eine Trennung und Unterscheidung bedeuten, verachten und aus ihren Gesprächen verbannen. Denn da sie wirklich alles miteinander gemein haben: Wille, Gedanken, Urteile, Güter, Frauen, Kinder, Leben und Ehre, und da ihre Übereinstimmung darin besteht, daß sie, nach der zutreffenden Definition des Aristoteles, *eine* Seele in zwei Körpern sind, können sie sich nichts leihen und nichts geben. Aus diesem Grunde verbieten die Gesetzgeber, um die Ehe durch eine scheinbare Ähnlichkeit mit dieser göttlichen Verbindung zu ehren, Schenkungen zwischen Mann und Frau und wollen damit zeigen, daß alles jedem der beiden ganz gehören soll, und daß sie nichts unter sich zu teilen und zu trennen haben. Wenn in der Freundschaft, von der ich spreche, einer dem andern etwas geben könnte, so würde der, welcher die Wohltat empfinge, seinen Freund verpflichten. Denn da der eine und der andere nichts so sehr wünschen, als sich gegenseitig Gutes zu tun, so ist der, welcher den Anlaß und die Gelegenheit dazu gibt, der Freigebige; er, der seinem Freund die Befriedigung gibt, an ihm das zu tun, was er am meisten wünscht. Wenn der Philosoph Diogenes Geld nötig hatte, so sagte er nicht, er erbitte das Geld von seinen Freunden, sondern: er erbitte es von ihnen zurück. Und um zu zeigen, wie das wirklich zugeht, will ich davon ein merkwürdiges Beispiel aus dem Altertum erzählen. Eudamidas aus Korinth hatte zwei Freunde, den Charixenos aus Sikyon und den Aretheus aus Korinth. Als er im Sterben lag – er war arm und seine beiden Freunde reich –, machte er folgendes Testament: ›Dem Aretheus vermache ich, meine Mutter zu ernähren und sie in ihrem Alter zu erhalten; dem Charixenos, meine Tochter zu verheiraten und sie so gut wie nur möglich auszustatten; für den Fall aber, daß einer sterben sollte, setze ich den Überlebenden in dessen Vermächtnis ein.‹ Die zuerst dieses Testament zu sehen bekamen, spotteten darüber, aber seine Erben nahmen es auf die Benachrichtigung hin mit einzigartiger Befriedigung auf. Und als einer von ihnen, Charixenos, fünf Tage danach starb, ging dessen Teil auf den Aretheus über, und der erhielt in vortrefflicher Weise seine Mutter, und von den fünf Talenten, die sein Vermögen ausmachten, gab er zweieinhalb seiner einzigen Tochter mit in die Ehe, zweieinhalb der Tochter des Eudamidas und veranstaltete beider Vermählung auf den gleichen Tag.

Dieses Beispiel wäre vollkommen, wenn ein Punkt nicht wäre: die Mehrzahl der Freunde. Denn die vollkommene Freundschaft, von der ich spreche, ist unteilbar; jeder gibt sich so völlig seinem Freund, daß ihm nichts mehr anderwärts zu verteilen bleibt; vielmehr ist er betrübt, daß er sich nicht verdoppeln, verdreifachen, vervierfachen kann, daß er nicht mehrere Seelen und mehrere Willen hat, um sie alle auf diesen einen Gegenstand zu übertragen. Die üblichen Freundschaften sind teilbar: Man liebt an dem einen die Schönheit, an einem andern sein ungezwungenes Wesen, an einem dritten die Freigebigkeit, im einen den Vater, im andern den Bruder und so fort; allein die Freundschaft, welche von der Seele Besitz ergriffen hat und sie mit unumschränkter Herrschaft lenkt, kann sich unmöglich verdoppeln. Wenn beide zur gleichen Zeit Hilfe verlangten, wem würdest du beistehen? Wie würdest du entscheiden, wenn sie von dir entgegengesetzte Dienste verlangten? Der eine befiehlt deinem Stillschweigen etwas an, was dem andern nützlich zu wissen wäre – wie würdest du dich da herauswinden? Die einzige und vornehmste Freundschaft löst alle anderen Verpflichtungen auf. Das Geheimnis, das ich keinem andern zu offenbaren gelobt habe, ich kann es, ohne eidbrüchig zu werden, dem entdecken, der kein anderer ist als ich. Es ist schon genug an dem Wunder, sich zu verdoppeln; die kennen seine Größe nicht, die von Verdreifachen sprechen. Was seinesgleichen hat, kann nicht das Höchste sein. Wer von der Voraussetzung ausgeht, daß ich von zweien den einen ebenso wie den andern liebe und daß sie sich untereinander und mich ebenso lieben wie ich sie, der erweitert zu einer ganzen Bruderschaft die unteilbare und einzige Sache, wovon ein einziges Beispiel schon das Seltenste ist, was man in aller Welt finden kann.

Der übrige Teil dieser Geschichte aber paßt vollkommen zu dem, was ich gesagt habe, denn Eudamidas gewährte seinen Freunden die Gunst, eben diese Gefälligkeit zu seinem Nutzen zu verwenden, wo er in Not war. Er machte sie zu Erben seiner Freigebigkeit, die darin bestand, daß er ihnen die Mittel in die Hand gab, ihm Gutes zu tun. Und ohne Zweifel zeigt sich die Stärke der Freundschaft weit mehr in seiner Tat als in der des Aretheus. Doch das sind Wirkungen, von denen der nichts ahnt, der nie davon gekostet hat. Ich bewundere sie über die Maßen in einer Antwort, die ein junger Soldat dem Cyrus gab. Cyrus fragte ihn, um wieviel er ein Pferd hergeben wollte, mit dem er eben den Preis im Wettrennen gewonnen hatte; ob er es gegen ein Königreich vertauschen würde. »Nein, gewiß nicht, Majestät,« gab er zur Antwort, »aber herzlich gern wollte ich es darum geben, einen Freund dafür zu gewinnen, wenn ich einen Menschen fände, der einer solchen Verbindung würdig wäre.«

Er sagte nicht zu Unrecht: ›wenn ich fände‹, denn leicht findet man Menschen, die sich zu einem oberflächlichen Umgang eignen. Aber in dieser Freundschaft, vor der man auch den verborgensten Grund seines Wesens aufschließt, wo man nichts zurückhält und ausnimmt, da müssen alle Triebfedern vollkommen rein und verläßlich sein.

Bei einem Bündnis, das nur um eines einzigen Zieles willen geschlossen ist, muß man sich nur gegen die Mängel vorsehen, die diesen einen Zweck betreffen. Es liegt mir wenig daran, zu welcher Konfession sich mein Arzt oder mein Advokat bekennt. Diese Erwägung hat nichts mit den Pflichten zu tun, die sie mir innerhalb eines Bündnisses schulden. Im häuslichen Umgang mit denen, die mich bedienen, halte ich es ebenso. Ich kümmere mich wenig darum, ob ein Lakai keusch, sondern ob er fleißig ist, und ich hüte mich nicht so sehr vor einem Maultiertreiber, der spielt, als vor einem, der dumm ist, nicht so sehr vor einem fluchenden als vor einem unfähigen Koch. Ich lasse mich nicht darauf ein, der Welt zu sagen, was zu tun sei, das besorgen schon andere genug; ich sage nur, was ich darin tue.

Mihi sic usus est; tibi, ut opus est facto, face.
[So pflege ich es zu halten. Tu du, wie's dir gut scheint.
Terenz, Heautontimoroumenos, I, I, 28]

Zur Gesellschaft bei Tisch wähle ich einen unterhaltsamen und nicht einen umsichtigen Menschen; fürs Bett eher eine

Schönheit als die Güte selbst; wenn es ums Reden geht, einen, ders versteht, selbst wenn keine Redlichkeit dabei ist. Und so halte ich es in andern Dingen. Und ganz so wie jener Vater, der dabei angetroffen wurde, daß er auf einem Stecken reitend mit seinen Kindern spielte, den bat, der ihn überraschte, niemandem etwas davon zu sagen, bis er selbst Vater sei, weil er der Überzeugung war, daß ihn die alsdann in seinem Herzen erwachende Leidenschaft zum billigeren Richter über eine solche Handlung machen würde; so wollte auch ich wünschen, nur zu solchen zu sprechen, die das, was ich sage, erfahren haben. Allein da ich weiß, wie weit eine solche Freundschaft von dem gemeinen Brauch abliegt, und wie selten sie ist, erwarte ich nicht, einen hierfür zuständigen Richter zu finden. Denn selbst was die Alten über diesen Gegenstand geschrieben haben, scheint mir gegen die Erfahrung, die ich davon habe, matt und schwach. In diesem Stück übersteigt die Wirklichkeit selbst die philosophischen Lehren:

Nil ego contulerim iucundo sanus amico.
[Nichts würde ich, wenn ich bei Verstand bin, einem lieben Freund gleichschätzen.   Horaz, Satiren, I, V, 44]

Menander nannte jenen glücklich, dem auch nur der Schatten eines Freundes begegnet sei. Sicher hatte er ein Recht, das zu sagen, und besonders, wenn er selber etwas davon erfahren hatte. Denn in Wahrheit, vergleiche ich mein ganzes übriges Leben – ob ich es auch durch Gottes Gnade ruhig und angenehm verbracht habe, und abgesehen vom Verlust eines solchen Freundes war es von schwerem Kummer frei und voll Zufriedenheit, da ich mich mit meinen natürlichen angeborenen Vorteilen begnügt habe, ohne andere zu suchen –, vergleiche ich also dieses ganze Leben mit den vier Jahren, da ich so glücklich war, den teuren Verkehr und Umgang dieses Mannes zu genießen, so ist es nichts als Rauch, nichts als öde, dunkle Nacht. Seit dem Tag, da ich ihn verlor, dem Tag

quem semper acerbum,
Semper honoratum (sic, Dii, voluistis) habebo,
[der mir immer bitter sein wird und den ich (ihr Götter habt es so gewollt) immer ehren will.
                                        Vergil, Aeneis, V, 49 f.]

schleppe ich mich nur noch kraftlos dahin; und die Freuden selbst, die sich mir darbieten, anstatt mich zu trösten, verdoppeln den Schmerz über seinen Verlust. Wir teilten alles miteinander; nun ist es mir, als ob ich ihm sein Teil entzöge,

Nec fas esse ulla me voluptate hic frui
Decrevi, tantisper dum ille abest meus particeps.
[und ich habe entschieden, es stehe mir nicht mehr zu, irgendeine Freude hier zu genießen, dieweil mein Gefährte fern ist.   Terenz, Heautontimoroumenos, I, I, 97 f.]

Ich war schon so daran gewöhnt, überall der zweite zu sein, daß mir nicht anders ist, als ob ich nur noch halb wäre.

Illam meae si partem animae tulit
Maturior vis, quod moror altera,

Nec carus aeque, nec superstes
Integer? Ille dies utramque
Duxit ruinam.
[Hat ein allzufrüher Tod jene eine Hälfte meiner Seele weg-
gerissen, was zaudert die andere noch? Bin ich doch nicht
mehr gleich geliebt, noch überlebe ich ihn unversehrt. Jener Tag hat uns *beide* vernichtet.

Horaz, Oden, II, XVII, 5 ff.]

Es gibt keine Tat und keinen Gedanken, wo ich das nicht
sagen müßte, und so hätte er es mit mir gehalten. Denn
gleich wie er mich in jeder andern Fähigkeit und Tugend
unendlich weit übertraf, so auch in der Erfüllung der Freun-
despflicht.

Quis desiderio sit pudor aut modus
Tam cari capitis?
[Was für Scham oder Mäßigung sollte der Sehnsucht nach
diesem teuren Haupte Einhalt tun?

Horaz, Oden, I, XXIV, 1 f.]

O misero frater adempte mihi!
Omnia tecum una perierunt gaudia nostra,
Quae tuus in vita dulcis alebat amor.
Tu mea, tu moriens fregisti commoda, frater;
Tecum una tota est nostra sepulta anima,
Cuius ego interitu tota de mente fugavi
Haec studia atque omnes delicias animi.
Alloquar? Audiero nunquam tua verba loquentem?
Nunquam ego te, vita frater amabilior,
Aspiciam posthac? At certe semper amabo.

[Unglücklicher, der ich bin, dem du, mein Bruder, entrissen bist! Mit dir sind alle meine Freuden dahin, die deine süße Liebe, dieweil du lebtest, nährte. Du hast, mein Bruder, in deinem Tod mein ganzes Glück zerbrochen; mit dir ist meine ganze Seele ins Grab gesunken; mit deinem Sterben habe ich aus meinem Herzen die Musen und alle Freuden des Geistes vertrieben. Werde ich noch zu dir sprechen? Soll ich dich nie mehr hören, wie du deine Worte sagst? Nie mehr künftig dich sehen, der du mir teurer bist als das Leben? Doch immer will ich dich lieben.

Catull, LXVIII, 20 ff. und LXV, 9 ff.]

AUS DEM BRIEF

den der Herr Rat von Montaigne seinem Herrn Vater
über einzelne Beobachtungen geschrieben, die er während
der Krankheit und beim Ableben des verstorbenen
Herrn von La Boëtie machte

Seine letzten Worte: wenn einer über sie Rechenschaft ablegen kann, so muß ich es sein, weil er während seiner ganzen Krankheit mit niemandem lieber sprach als mit mir,
und dann auch, weil ich dank der einzigartigen brüderlichen Freundschaft, die wir füreinander hegten, genaueste
Kenntnis von seinen Absichten, seinen Urteilen, seinem
Willen durch sein ganzes Leben hin besaß, sicher so genau,
als sie überhaupt ein Mensch von einem andern haben
kann, und weil ich wußte, wie hoch, aufs Gute gerichtet
und voll sicherer Entschlossenheit – in einem: wie unvergleichlich sie waren. Ich sah schon voraus, daß er, wenn
ihm die Krankheit die Möglichkeit ließ, sich auszudrük-
ken, in dieser äußersten Not nichts sagen würde, was nicht
groß und beispielhaft wäre; so gab ich acht, so gut ich nur
konnte. Wohl habe ich, gnädigster Herr Vater, ein kurzes Gedächtnis, das zudem die Erschütterung, in die mein
Geist durch diesen schweren und entscheidenden Verlust
geriet, noch geschwächt hat. So kann es nicht anders sein,
als daß ich viel von dem vergessen habe, was ich gern bekannt wissen möchte. Aber was ich erinnere, das schrei-
be ich Euch, so genau ich das kann. Denn seinen hohen
Mut darzustellen, wie er auf seinem herzhaften Vorgehen
plötzlich aufgehalten wurde, und Euch die unüberwind-
liche Standhaftigkeit in einem von den furchtbaren Schlä-

gen des Todes und der Schmerzen niedergekämpften und zerstörten Körper zu zeigen: ich gestehe, daß es dazu einer weit geschickteren Feder als der meinen bedürfte. Denn wenn er schon während seines Lebens, sobald er von ernsten und wichtigen Dingen sprach, so redete, daß es schwer hielt, ebenso gut zu schreiben, so schien es jetzt, daß sich sein Verstand und seine Zunge um die Wette bemühten, ihm gleichsam einen letzten Dienst zu erweisen. Denn so voll schöner Einfälle und so beredt wie in seiner Krankheit habe ich ihn allerdings nie gesehen. Wenn Ihr im übrigen findet, gnädiger Herr Vater, daß ich auch seine leichtesten und gewöhnlichsten Bemerkungen habe berücksichtigen wollen: ich habe es mit Bedacht getan. Denn in jenem Zeitpunkt, im heftigsten Ansturm einer solchen Krankheit vorgebracht, sind sie das einzigartige Zeugnis einer Seele voll überlegener Ruhe und Zuversicht.

Als ich am Montag, dem 9. August 1563, vom Gericht zurückkam, ließ ich ihn zu mir zum Mittagessen bitten. Er ließ danken und mir sagen, daß er sich nicht wohlbefinde, und ich möchte ihm die Freude machen, eine Stunde mit ihm zusammenzusein, bevor er ins Médoc verreise. Ich ging bald nach Tisch zu ihm. Er hatte sich in den Kleidern niedergelegt und zeigte schon, ich weiß nicht was für eine Veränderung in seinen Gesichtszügen. Er sagte, es sei ein Durchfall nebst einem heftigen Schneiden im Leibe, das er sich tags zuvor zugezogen habe, als er mit dem Herrn von Escars im bloßen Kamisol unterm seidenen Rock gespielt habe; bei Kälte habe er oft ein ähnliches Übel verspürt. Ich hielt es für richtig, daß er den vor einiger Zeit gefaßten Entschluß zu reiten ausführe, aber daß er den gleichen Abend nur bis Germignan reite, das nur zwei Meilen

31

von der Stadt entfernt ist. Das tat ich, weil seine Wohnung dicht an einige von der Pest verseuchte Häuser stieß, vor der er einige Besorgnis zeigte – eben erst war er von Périgord und Agenois zurückgekommen, wo er alles von der Pest angesteckt gefunden hatte –; und zudem hatte mir das Reiten einmal in einer ganz ähnlichen Krankheit sehr geholfen. So machte er sich in Gesellschaft seiner Gemahlin und des Herrn von Bouillhonnas, seines Onkels, auf den Weg.

Am nächsten Tag kam zu früher Morgenstunde einer seiner Leute im Auftrag von Frau von La Boëtie zu mir, die mir sagen ließ, er habe infolge seines starken Durchfalls eine sehr schlechte Nacht gehabt. Sie ließ einen Arzt und einen Apotheker rufen und bat mich hinauszukommen, was ich denselben Nachmittag tat. Bei meiner Ankunft war er überaus erfreut, mich zu sehen, und wie ich mit dem Versprechen, des andern Tags wiederzukommen, von ihm Abschied nahm, um nach Hause zurückzukehren, bat er mich herzlicher und inständiger, als er mich je um etwas gebeten hatte, ich möge doch soviel wie möglich bei ihm bleiben. Das beeindruckte mich einigermaßen. Trotzdem war ich dabei zu gehen, als Frau von La Boëtie, die schon ich weiß nicht was für ein Unheil ahnte, mich mit Tränen in den Augen bat, mich für den Abend nicht mehr zu entfernen. So hielt sie mich fest, worüber er sich mit mir freute. Am folgenden Tag kehrte ich nach Hause zurück, und am Donnerstag ging ich wieder zu ihm. Sein Übel nahm zu. Sein Blutfluß und das Schneiden im Leibe, das ihn noch mehr schwächte, vermehrten sich von Stunde zu Stunde.

Am Freitag sah ich ihn nicht, doch wie ich am Samstag wieder zu ihm ging, war er schon ganz von Kräften. An diesem Tag sagte er mir, seine Krankheit sei leicht ansteckend und überdies unangenehm und schwer zu ertragen; er kenne meine Natur gut und bitte mich, nur für kurze Zeit, aber sooft wie möglich mit ihm zusammenzusein. Ich verließ ihn nicht mehr. Bis zum Sonntag sprach er nie zu mir über seinen Zustand, und wir sprachen nur von einzelnen Symptomen seiner Krankheit und von dem, was die Ärzte der Alten darüber gesagt haben. Vom öffentlichen Leben nur wenig, denn ich fand ihn dessen vom ersten Tag an überdrüssig. Am Sonntag fiel er in eine starke Ohnmacht, und wie er wieder zu sich gekommen war, sagte er, es sei ihm gewesen, als ob alles um ihn her in große Verwirrung gerate; er habe nichts gesehen als eine dichte Wolke und finsteren Nebel, in dem alles wirr durcheinanderging. Dieser ganze Vorfall habe indessen nichts Unangenehmes für ihn gehabt. »Auch der Tod bringt nichts Schlimmeres, mein Bruder«, sagte ich ihm darauf. »Im Gegenteil«, gab er mir zur Antwort. Von dieser Stunde an, da er seit dem Beginn der Krankheit nicht mehr geschlafen hatte und es ihm aller Mittel ungeachtet immer schlechter ging, ja man hatte ihm auch schon gewisse Tränke gegeben, die man sonst nur in der höchsten Gefahr verordnet – von dieser Stunde an begann er alle Hoffnung auf Heilung aufzugeben, das eröffnete er mir. An diesem gleichen Tag schien es mir richtig, ihm zu sagen, er habe, solange er gesund gewesen sei, vor aller Augen immer so klug und wohlüberlegt gehandelt wie nur je ein Mensch auf Erden; so stehe es mir in meiner grenzenlosen Freundschaft zu ihm schlecht an, nicht darum besorgt zu sein, daß er in seiner Krankheit ebenso handle; ich wäre sehr betrübt, falls es Gottes Wille sei, daß sich sein Zustand verschlimmere, wenn er, weil ihn niemand darauf aufmerksam gemacht, irgendeine häusliche Angelegenheit ungeordnet ließe, ebensosehr wegen des Schadens, den seine Nächsten dabei erleiden möchten, als im Interesse seines eigenen Namens. Das nahm er guten Muts von mir an. Und sobald er die Fragen, die dabei noch in der Schwebe waren, entschieden hatte, bat er mich, seinen Onkel und seine Frau allein zu ihm zu rufen, damit er ihnen seinen Letzten Willen eröffnen könne. Ich sagte ihm, er werde sie erschrecken. »Nein, nein,« sagte er, »ich will sie trösten und ihnen zu meiner Genesung größere Hoffnung machen, als ich selber habe.« Dann fragte er uns, ob seine bisherigen Ohnmachten uns nicht ein wenig in Furcht versetzt hätten. »Das hat nichts zu bedeuten, mein Bruder«, sagte ich zu ihm, »das findet sich öfter bei dieser Krankheit.« »Nein, gewiß, das hat nichts zu bedeuten, mein Bruder«, antwortete er mir, »und selbst wenn sich daraus das ergäbe, was ihr am meisten befürchtet.« – »Für Euch wärs ein Glück«, erwiderte ich, »doch ich würde am meisten verlieren, der ich den Umgang mit einem so großen, so besonnenen und sicheren Freund einbüßte, desgleichen ich niemals wiederfände.« – »Das möchte wohl so sein, mein Bruder«, fügte er hinzu, »und ich versichere Euch: wenn mich noch etwas für meine Besserung Sorge tragen läßt und mich hindert, so geradenwegs über die Schwelle zu treten, auf die ich schon den Fuß gesetzt habe, ist es die Rücksicht auf den Verlust, den Ihr und den dieser arme Mann und diese arme Frau erleiden (damit meinte er seinen Onkel und seine Frau), die ich beide unvergleichlich liebe; sie werden ihn nur schwer ertragen, das weiß ich, und in der Tat ist er für sie und für Euch sehr groß. Ich denke auch an den Schmerz vieler rechtschaffener Leute, die mich mein Leben lang geliebt und geachtet haben und deren Umgang ich, das bekenne ich, wenn es an mir läge, sicher noch nicht missen möchte. Und wenn ich gehe, bitte ich Euch, mein Bruder, der Ihr sie kennt, ihnen die gute Gesinnung zu bezeugen, die ich ihnen bis zum letzten Augenblick meines Lebens bewahrt habe. Und dann, mein Bruder, war ich vielleicht nicht so unnütz zur Welt gekommen, daß ich nicht auch der öffentlichen Sache hätte nützen können. Doch wie dem auch sei, ich bin bereit zu gehen, wann es Gott gefällt, in der Gewißheit, jenes Wohlsein zu erlangen, das Ihr mir voraussagt. Euch aber, mein Freund, kenne ich als so besonnen, daß Ihr Euch, so nahe es Euch auch gehen möge, doch willig und ohne Widerrede in alles fügen werdet, was der heiligen Majestät über mich zu beschließen beliebt, und ich bitte Euch: wacht darüber, daß die Trauer über meinen Verlust diesen guten Mann und diese gute Frau nicht aus den Schranken der Vernunft bringe.« Dann fragte er, wie sie sich denn bis jetzt darein gefunden hätten. Ich sagte ihm: »Für den Ernst der Lage noch recht gelassen.« – »Ja,« fuhr er fort, »solange ihnen noch etwas Hoffnung bleibt. Aber wenn ich ihnen auch die einmal ganz genommen habe, werdet Ihr Mühe haben, sie zu mäßigen.« In dieser Rücksicht verbarg er ihnen immer, solang er dann noch lebte, die Gewißheit seines Todes und bat mich inständig, es ganz gleich zu halten. Wenn er sie bei sich sah, stellte er sich munter und beruhigte sie durch gute Hoffnungen.

So verließ ich ihn, um sie zu rufen. Sie beherrschten sich eine Zeitlang, so gut sie konnten. Und nachdem wir uns an sein Bett gesetzt hatten, wir vier allein, sagte er mit einem gelassenen und gleichsam frohen Gesicht: »Mein lieber Onkel, meine liebe Frau, ich versichere Euch auf mein Gewissen, daß weder ein neuer Anfall meiner Krankheit noch ein Bedenken wegen meiner Heilung mich dazu bewogen hat, Euch zu mir zu bitten, um Euch zu sagen, was ich tun will, denn ich befinde mich, Gott sei Dank, ganz wohl und habe gute Hoffnung; da ich aber seit langem gelernt habe – durch lange Erfahrung und langes Nachforschen –, wie wenig Sicherheit im Wechsel und Unbestand alles Menschlichen besteht und selbst in unserm Leben, das uns so teuer ist, und es ist doch nur Rauch und Nichtigkeit; und wenn ich dabei noch bedenke, daß ich durch meine Krankheit der Gefahr des Todes um so viel näher bin, so bin ich entschlossen, einige Verordnungen über mein Hauswesen zu treffen, nachdem ich Euer Gutachten darüber erfahren habe.« Dann wandte er sich an seinen Onkel und sagte: »Mein lieber Onkel, wenn ich Euch zu dieser Stunde Rechenschaft über die großen Verpflichtungen ablegen wollte, die ich Euch gegenüber habe, so würde ich damit nicht fertig werden; ich muß mich begnügen, daß ich bis jetzt an allen Orten und jedem, dem ich davon gesprochen, gesagt habe, daß Ihr alles an mir getan habt, was ein guter, besonnener und freigebiger Vater für seinen Sohn tun kann: in der Aufmerksamkeit und Sorge, mich in den Wissenschaften zu unterweisen, wie im Entschluß, mich in den Staatsdienst zu schicken; und so enthält mein ganzes Leben nur Beweise Eurer großen beispielhaften Freundschaft zu mir: was ich habe, ich habe es von Euch, ich anerkenne es als solches, ich bin dafür in Eurer Schuld. Ihr seid mein wahrer Vater, und wie einem Sohn steht es mir nicht zu, über irgend etwas zu verfügen, wenn nicht Ihr mir darüber freie Hand geben wollt.« Darauf schwieg er und wartete, bis die Seufzer und Schluchzer seinen Onkel antworten ließen: Er könne nur immer gutheißen, was er zu tun beliebe. Darauf machte er seinen Onkel zum Erben, indem er ihn bat, dasjenige von ihm anzunehmen, was ihm gehöre.

Darauf richtete er das Wort an seine Frau und sagte: »Mein Ebenbild (so nannte er sie oft, einem Verbündnis entsprechend, das seit langem zwischen ihnen bestand), mit Euch verbunden durch das heilige Band der Ehe, eines der ehrwürdigsten und unverletzlichsten, das uns Gott hienieden, zur Erhaltung der menschlichen Gesellschaft, angeordnet hat, habe ich Euch stets aufs zärtlichste geliebt und wert und teuer geachtet, so sehr ich nur konnte, und ich bin gewiß, daß Ihr mir gleiche Liebe erwidert habt, wofür ich nicht genug danken kann. Ich bitte Euch, den Teil von meinem Besitz anzunehmen, den ich Euch gebe, und Euch damit zu begnügen, wenn ich auch weiß, daß es für Eure Verdienste gar wenig ist.«

Darauf wandte er sich zu mir und sagte: »Mein Bruder, den ich so innig liebe, den ich unter so vielen erwählt habe, um mit Euch jene lautere und wahre Freundschaft wieder in ihre Rechte einzusetzen, aus denen sie durch das Laster seit so langer Zeit verbannt ist, daß davon nur noch einige frühere Spuren im Gedächtnis an die Alten zurückgeblieben sind: Euch bitte ich zum Beweis meiner Liebe, meine Bibliothek und meine Schriften anzunehmen, die ich Euch zugedacht habe – ein kleines Geschenk, aber es kommt aus aufrichtigem Herzen und steht Euch an als einem Freund der schönen Wissenschaften.

Das sei Euch μνημόσυνον tui sodalis.«
[Ein Andenken Eures Freundes.]

Darauf sprach er zu allen dreien zusammen und lobte Gott,
daß er in dieser äußersten Not noch seine liebsten Freunde
auf der Welt um sich habe. Und das Schönste schiene ihm,
eine Gemeinschaft von vier so übereinstimmenden und in
Freundschaft vereinten Menschen zu sehen, sicher und ge-
willt, uns untereinander einer um die Liebe des andern innig zu lieben. So befahl er einen dem andern an und fuhr
fort: »Ich habe mein zeitlich Gut geordnet, nun will ich
auch an mein Gewissen denken. Ich bin Christ, ich bin Ka-
tholik; so habe ich gelebt, so will ich auch sterben. Man
lasse mir einen Priester kommen, denn ich will diese letzte
Pflicht eines Christen nicht versäumen.«

Damit schloß er seine Worte, die er mit gefaßtem Aus-
druck klar und kraftvoll ausgesprochen hatte. Während ich
ihn beim Betreten des Zimmers schwach angetroffen hatte,
mit langsamer Sprache, mit kraftlosem Puls wie von schlei-
chendem Fieber, seinem Ende nah, das Gesicht blaß und
fleckig, so schien er jetzt wie durch ein Wunder wieder zu
Kräften gekommen zu sein: Seine Gesichtsfarbe war wieder röter, sein Puls stärker geworden, und ich ließ ihn
zum Vergleich sogar meinen Puls fühlen. Ich war in diesem Augenblick so beklommen, daß ich ihm nichts auf
seine Worte antworten konnte. Zwei oder drei Stunden
später jedoch, wie die Gesellschaft im Zimmer zunahm,
sagte ich ihm, teils um ihm diesen hohen Mut zu erhalten,
teils um in dem Eifer, den ich mein Leben lang um seinen Ruhm und seine Ehre bezeugt habe, mehr Zeugen so
vieler und herrlicher Beweise seines erhabenen Geistes zu

gewinnen, ich sei vor Scham errötet, daß mir der Mut gefehlt habe, das zu hören, was er, der doch von der Krankheit selber getroffen sei, zu sagen den Mut gehabt habe; bis zu diesem Augenblick habe ich gemeint, Gott habe uns nicht so große Überlegenheit über die menschlichen Wechselfälle gegeben, und habe nur schwer glauben wollen, was ich gelegentlich bei den Historikern darüber gelesen; nachdem ich aber einen solchen Beweis erlebt habe, lobe ich Gott, daß ich durch einen Menschen überführt worden sei, von dem ich so sehr geliebt werde und den ich so innig liebe, und das werde mir ein Vorbild sein, mich ebenso zu bezeigen, wenn die Reihe an mir sei.

Er unterbrach mich und bat mich, so zu handeln und durch die Tat zu beweisen, daß wir die Reden, die wir in gesunden Tagen miteinander ausgetauscht hatten, nicht nur im Munde führten, sondern tief in Herz und Seele eingegraben, um sie bei der ersten Gelegenheit, die sich böte, ins Werk zu setzen; das sei, fügte er bei, die wahre Anwendung unserer philosophischen Studien. Dann nahm er mich bei der Hand und sagte: »Mein Bruder, mein Freund, ich versichere Euch, daß ich manches in meinem Leben, wie mir scheint, mit nicht weniger Mühe und Beschwerlichkeit getan habe als eben dies. Und wenn ich alles überdenke, bin ich ja seit langem vorbereitet und weiß meine Lektion auswendig. Ist es denn etwa nicht genug gelebt bis zu dem Alter, in dem ich stehe? Ich bin daran, in mein dreiunddreißigstes Jahr zu treten. Gott hat mir die Gnade erwiesen, daß ich bis zu dieser Stunde gesund und glücklich gewesen bin; wegen des Unbestands alles Menschlichen konnte dieser Zustand nicht wohl länger dauern. Es wäre nun Zeit gewesen, sich in die öffentlichen Händel zu mischen und dann tausend verdrießliche Sachen zu sehen, wie die Beschwerlichkeit des Alters, von der ich auf diese Weise freigeblieben bin. Und dann habe ich wahrscheinlich bis zu dieser Stunde mit mehr Einfalt und weniger Arglist gelebt, als ich es vielleicht getan hätte, wenn Gott mich hätte so lang leben lassen, bis die Sorge um Reichtum und Geschäfte von meinem Herzen Besitz ergriffen hätte. Was mich betrifft, so hoffe ich sicher, bald bei Gott und in den Wohnungen der Seligen zu sein.« Weil sich nun sogar in meiner Miene die Unruhe zeigte, die mich ergriff, wie ich ihn so reden hörte, sagte er zu mir: »Wie, mein Bruder, wollt Ihr mich ängstigen? Wenn ich Angst hätte, an wem wäre es, sie mir zu nehmen, wenn nicht an Euch?« Gegen Abend kam der bestellte Notar, das Testament aufzunehmen. Ich ließ es ihn niederschreiben und fragte ihn dann, ob er es nicht unterzeichnen wolle. »Nicht unterzeichnen,« sagte er, »ich will es selber schreiben. Aber ich möchte, mein Bruder, daß man mir etwas Muße gönnte, denn ich bin sehr müde und so schwach, daß ich fast nicht mehr kann.« Ich wollte die Rede auf andere Dinge bringen, aber er faßte sich plötzlich wieder und sagte mir, es brauche nicht viel Muße zum Sterben, und er bat mich, zu fragen, ob der Notar eine leichte Hand habe, denn er werde ohne Unterbrechung diktieren. Ich rief den Notar, und sogleich diktierte er sein Testament so schnell, daß dieser Mühe hatte, ihm zu folgen. Als er geendet hatte, mußte ich es ihm vorlesen, und er sagte, zu mir gewandt: »Welch eitles Sorgen ist doch unser Besitz.«

Sunt haec quae hominibus vocantur bona.
[Das ist es also, was die Menschen Reichtum nennen!]

Dann wurde das Testament unterzeichnet. Unterdessen hatte sich das Zimmer mit Leuten angefüllt, und er fragte mich, ob ihm wohl das Sprechen erlaubt sei. Ich sagte ja, aber er möge ganz leise sprechen.

Darauf ließ er Fräulein von Saint-Quentin, seine Nichte, rufen und sprach so zu ihr: »Meine liebe Nichte und Freundin, ich habe schon, seit ich dich kenne, in dir die Züge eines sehr guten Wesens wahrzunehmen geglaubt, und dieser letzte Dienst, den du mir bei meiner jetzigen Krankheit aus solcher Zuneigung und mit solcher Sorgfalt tust, läßt mich viel für dich erhoffen, und wahrhaft bin ich dir dafür verbunden und danke dir sehr herzlich. Im übrigen, um meine Pflicht zu erfüllen, ermahne ich dich zuerst zum Gehorsam gegen Gott, denn das ist gewiß unsere Hauptpflicht, ohne welche auch keine andere Handlung gut oder gefällig sein kann; und wenn sie wirklich mit gutem Willen erfüllt wird, zieht sie notwendig alle übrigen Tugenden nach sich. Nächst Gott sollst du deinen Vater und deine Mutter lieben und ehren, ganz besonders deine Mutter, meine Schwester, die ich für eine der besten und weisesten Frauen der Welt halte, und ich bitte dich, nimm dir an ihr ein Vorbild für dein Leben. Laß dich nicht von den Vergnügungen dahinreißen, flieh wie die Pest die törichten Vertraulichkeiten, die du manchmal Frauen mit Männern haben siehst, denn wenn sie auch anfangs nichts Böses an sich haben, verderben sie doch langsam den Geist, verführen ihn zum Müßiggang und von da in den abscheulichen Sumpf des Lasters. Glaub mir: der beste Schutz für die Keuschheit eines Mädchens ist die Strenge. Ich bitte dich und verlange, daß du dich meiner erinnerst und dir oft die Freundschaft, die ich für dich gehegt habe, vor Augen führst; doch nicht um über meinen Verlust zu klagen und zu weinen, denn das verbiete ich allen meinen Freunden, so sehr ich es vermag: Es müßte ja scheinen, als ob sie mir das Gut mißgönnten, in dessen Genuß ich durch meinen Tod bald kommen werde. Sei versichert, meine Tochter, wenn mir Gott in dieser Stunde die Wahl freistellte, ins Leben zurückzukehren oder die angetretene Reise zu vollenden, so fiele mir die Wahl sehr schwer. Leb wohl, meine liebe Nichte.« Hierauf ließ er seine Stieftochter Fräulein von Arsat rufen und sagte zu ihr: »Meine Tochter, Euch brauche ich nicht viele Ermahnungen zu geben, da Ihr eine Mutter habt, die ich so weise und meiner Eigenart und meinem Willen so gemäß gefunden und an der ich niemals einen Fehler bemerkt habe, Ihr werdet von einer solchen Lehrmeisterin gut erzogen werden. Wundert Euch nicht, daß ich, ohne mit Euch verwandt zu sein, mich einmische und um Euch sorge. Denn da Ihr die Tochter eines Menschen seid, der mir so nahesteht, muß notwendig alles, was Euch angeht, auch mich berühren. Und so habe ich mich auch um die Angelegenheiten des Herrn von Arsat, Eures Bruders, jederzeit wie um meine eigenen gekümmert. Ihr seid begütert, Ihr seid sehr schön, Ihr stammt aus gutem Hause. Es bleibt Euch nur übrig, auch die Vorzüge des Geistes dem hinzuzufügen, und das bitte ich Euch zu tun. Ich verbiete Euch das Laster nicht, das den Frauen so verabscheuenswürdig ist, denn ich mag gar nicht denken, es könnte Euch auch nur durch den Sinn gehen, vielmehr glaube ich, daß schon sein Name Euch verhaßt ist. Lebt wohl, meine Tochter.«

Das ganze Zimmer war voll Geschrei und Weinen, welches indessen den Gang seines Vortrags, der bisweilen weit-

läufig war, nicht unterbrach. Hernach nun befahl er, man
solle alle hinausführen außer der Besatzung (so nannte er
die Mädchen, die ihn bedienten). Dann rief er meinen Bruder Beauregard und sagte zu ihm: »Herr von Beauregard,
ich danke Euch sehr für die Mühe, die Ihr Euch um mich
macht; erlaubt, daß ich Euch etwas entdecke, das mir auf
dem Herzen liegt.« Auf die Versicherung meines Bruders
hin fuhr er fort: »Ich schwöre Euch, unter allen, die sich
an die Reformation der Kirche gemacht haben, glaube ich
keinen zu finden, der sich eifriger, nachdrücklicher und
aufrichtiger bemüht hätte als Ihr. Und ich bin überzeugt,
daß allein die Laster unserer Prälaten, mit denen allerdings
eine größere Änderung geschehen muß, und einige Unvollkommenheiten, die sich im Lauf der Zeiten in unsere Kirche eingeschlichen haben, Euch dazu angetrieben haben.
Ich will Euch jetzt nicht davon abzubringen suchen, denn
ich bitte nicht gern jemand, irgend etwas gegen sein Gewissen zu tun. Aber darauf will ich Euch aufmerksam machen: Nehmt Rücksicht auf den guten Ruf, den das Haus,
aus dem Ihr stammt, durch ununterbrochene Eintracht
erlangt hat, ein Haus, das ich so gern habe wie kein anderes auf der Welt – mein Gott, was für ein Haus, in dem
nichts geschah, was sich nicht für rechtschaffene Leute
schickte! –, nehmt Rücksicht auf den Willen Eures Vaters,
Eures guten Vaters, dem Ihr so viel verdankt, Eures Onkels,
auf Eure Brüder, und so flieht das Äußerste; seid nicht
so ungestüm und so heftig, vertragt Euch mit ihnen. Stellt
Euch nicht abseits und geht nicht eigene Wege; schließt
Euch zusammen. Ihr seht, wieviel Schaden die Uneinig-
keit in diesem Königreich angerichtet hat, und ich stehe
Euch dafür, daß sie noch weit größeren bringen wird. Ihr

seid klug und Ihr seid gut: Hütet Euch davor, dieses Unglück unter Eure Familie zu bringen, damit sie nicht den Ruhm und das Glück verliere, das sie bis zu dieser Stunde genossen hat. Haltet mir zugut, Herr von Beauregard, was ich Euch darüber gesagt habe, und seht darin ein Zeichen meiner aufrichtigen Freundschaft zu Euch. Denn zu dem Ende habe ich bis zu dieser Stunde angestanden, Euch davon zu sprechen: vielleicht möchtet Ihr, wenn ich es in dem Zustand sage, in dem Ihr mich seht, meinen Worten mehr Gewicht und Glauben schenken.« Mein Bruder dankte ihm sehr.

Am Montag stand es mit ihm so schlecht, daß er jede Hoffnung zu leben aufgab. So rief er mich, sobald er mich sah, ganz kläglich und sagte mir: »Mein Bruder, habt Ihr denn kein Mitleid mit all dem Schmerz, den ich leide? Seht Ihr denn nicht längst, daß alle Eure Hilfe nur mein Leiden hinauszieht?« Bald darauf fiel er in Ohnmacht, so daß man ihn schon für verloren hielt; schließlich konnte man ihn mit Essig und Wein wieder zum Bewußtsein bringen. Allein lange Zeit hindurch sah er nichts, und wie er uns um ihn herum schreien hörte, sagte er zu uns: »Mein Gott, wer martert mich so? Warum zieht man mich aus der großen und süßen Ruhe, in der ich mich befand? Laßt mich zufrieden, ich bitte euch.« Und wie er dann mich hörte, sagte er zu mir: »Und auch Ihr, mein Bruder, wollt nicht, daß ich genese? O welches Wohlsein nehmt Ihr mir!« Nachdem er sich dann noch mehr erholt hatte, bat er um etwas Wein. Und wie er sich dabei wohlfühlte, sagte er mir, das sei das beste Getränk der Welt. »Dieses ist es nicht,« sagte ich, um ihn zum Sprechen zu bringen, »das Wasser ist's.« –

»Es ist mein ὕδωρ ἄριστον«,
[Pindar, Olympia I, I: bestes Wasser.]

gab er zur Antwort. Schon waren alle seine äußeren Glieder bis zum Gesicht hin starr und kalt, und der Todesschweiß lief ihm über den ganzen Körper; man konnte in ihm kaum mehr eine Spur von Puls entdecken. An diesem Morgen beichtete er, aber weil der Priester nicht alles mitgebracht hatte, was er benötigte, konnte er für ihn die Messe nicht lesen. Aber am Dienstag morgen bat Herr von La Boëtie darum, damit man ihm helfe, wie er sagte, seine letzte Christenpflicht zu erfüllen. Er hörte also die Messe und kommunizierte. Und wie der Priester von ihm Abschied nahm, sagte er zu ihm: »Mein geistlicher Vater, ich bitte Euch untertänig, Euch und Eure Untergebenen: Bittet Gott für mich; wenn es in seinem allerheiligsten Rat beschlossen ist, daß ich zu dieser Stunde mein Leben beenden soll, fleht ihn doch an, daß er sich meiner Seele erbarme und mir meine Sünden, die unendlich groß sind, vergebe, wie es denn nicht möglich ist, daß ein so elendes und niedriges Geschöpf wie ich die Gebote eines so hohen und mächtigen Herrn hätte befolgen können; wenn es ihm aber gefällt, daß ich hienieden noch nötig bin, und er mir eine andere Stunde vorbehält, so bittet ihn, daß er dieser meiner Qual doch bald ein Ende mache, und daß er mir die Gnade erweise, meine Schritte künftig nach seinem Willen zu leiten und aus mir einen besseren Menschen zu machen, als ich vorher gewesen bin.« Hier hielt er ein wenig inne, um Atem zu schöpfen, und wie er sah, daß der Priester weggehen wollte, rief er ihn zurück und sagte zu ihm: »Noch dies will ich in Eurer Gegenwart sagen: Ich bekenne, daß ich, wie ich getauft worden bin und gelebt habe, also auch in dem Glauben und der Religion sterben will, die Moses zuerst in Ägypten gepflanzt hat, welche die Väter nachmals nach Judäa gebracht haben und die von Hand zu Hand durch die Folge der Zeit nach Frankreich gekommen ist.« Es schien, daß er, wenn er gekonnt, noch länger gesprochen hätte, aber er schloß damit und bat seinen Onkel und mich, für ihn zu Gott zu beten. »Denn das«, sagte er, »ist der beste Dienst, den Christen füreinander tun können.« Beim Sprechen hatte er sich eine Schulter abgedeckt und bat seinen Onkel, obwohl ein Diener näher bei ihm stand, sie ihm wieder zu bedecken. Dann sprach er, indem er mich ansah:

»Ingenui est, cui multum debeas, et plurimum velle debere.« [Ein edles Herz will gern dem, welchem es schon verpflichtet ist, noch mehr verbunden sein.]

Nachmittags besuchte ihn Herr von Belot, und ihm sagte er, indem er ihm die Hand reichte: »Mein guter Freund, ich war hart daran, meine Schuld zu bezahlen, aber ich habe einen guten Gläubiger gefunden, der sie mir erlassen hat.« Und wenig später, wie er plötzlich auffahrend erwachte: »Gut, gut, soll er kommen, wann er will, ich erwarte ihn freudig und gefaßt«, Worte, die er zwei- oder dreimal während seiner Krankheit wiederholte. Wie man ihm dann den Mund mit Gewalt öffnete, um ihn zum Hinunterschlukken zu bringen, sagte er, indem er sich an Herrn von Belot wandte:

»An vivere tanti est?«
[Ist denn das Leben soviel wert?]

Gegen Abend begann nun die Todesstunde ernsthaft nä-
herzurücken, und wie ich beim Essen war, ließ er mich
rufen: nur noch ein Scheinbild und Schatten eines Menschen, und wie er von sich selber sagte:

»Non homo, sed species hominis.«
[Nicht ein Mensch, sondern das Gespenst eines Menschen.]

Und mit großer Mühe sagte er zu mir: »Mein Bruder,
mein Freund, möge es Gott gefallen, daß ich die Verwirk-
lichung jener Vorstellungen erlebe, die ich eben gehabt
habe.« Nachdem ich einige Zeit zugesehen hatte, wie er
nicht mehr sprach und wie sich ihm, in der Bemühung darum, scharfe Seufzer entrangen, denn von da an begann
seine Zunge ihm ernsthaft den Dienst zu versagen, da sagte
ich zu ihm: »Was für Vorstellungen waren es, mein Bruder?« – »Große, große«, antwortete er mir. »Niemals«,
sagte ich, »habt Ihr mir die Ehre versagt, an ihnen allen
teilzuhaben, wie sie Euch durch den Sinn gingen; wollt
Ihr nicht, daß ich ihrer noch weiter teilhaftig sei?« – »Ich
wollte es schon«, antwortete er, »aber ich kann nicht, mein
Bruder, sie sind wundervoll, unendlich und unausssprech-
lich.« Dabei blieb es, denn er konnte nicht mehr. Er hatte
zwar kurz vorher mit seiner Frau sprechen wollen und ihr
mit der fröhlichsten Miene, die er annehmen konnte, zu
verstehen gegeben, er wolle ihr eine Geschichte erzählen.
Er schien sich alle Mühe zu geben, um zu sprechen, aber
die Kraft fehlte ihm, und er verlangte etwas Wein, um sich

zu stärken. Es war umsonst, denn er verlor plötzlich das Bewußtsein und blieb lange Zeit, ohne die Augen aufzuschlagen. Wie er dem Tod schon ganz nahe war und noch das Schluchzen der Frau von La Boëtie hörte, rief er sie zu sich und sagte: »Mein Ebenbild, Ihr quält Euch vor der Zeit; wollt Ihr nicht Mitleid mit mir haben? Faßt Euch ein Herz. Ich leide durch den Schmerz, den ich Euch ausstehen sehe, noch einmal soviel als durch meinen eigenen, und ich habe Ursache dazu, denn die Schmerzen, die wir in uns fühlen, spüren nicht eigentlich wir, sondern gewisse Sinne, die uns Gott gegeben hat; was wir aber für andere fühlen, spüren wir durch sicheres Urteil und Überlegung. Doch ich gehe jetzt.« Das sagte er, weil ihm das Herz versagte. Da er aber fürchtete, seine Frau erschreckt zu haben, faßte er sich noch einmal und sagte: »Ich gehe jetzt schlafen, gute Nacht, meine Frau, verlaßt mich nun.« Dies war der letzte Abschied, den er von ihr nahm. Nachdem sie gegangen war, sagte er zu mir: »Mein Bruder, haltet Euch ganz nahe zu mir, ich bitte Euch.« Und dann, sei es, daß er die Angst des Todes näher und schärfer spürte, sei es, weil eine heiße Arznei, die man ihm eingegossen hatte, ihre Wirkung tat, wurde seine Stimme heller und stärker, und er schlug aus und warf sich heftig und aus allen Kräften im Bett herum, so daß die ganze Gesellschaft wieder etwas Hoffnung faßte, weil wir ihn bis dahin nur wegen seiner Mattigkeit verlorengegeben hatten. Da fing er nun unter anderem an, mich inständigst und zu verschiedenen Malen zu bitten, ihm doch Raum zu geben, so daß ich fürchtete, sein Geist habe sich verwirrt. Sogar als ich ihm behutsam gezeigt hatte, daß er sich vom Schmerz hinreißen lasse und daß seine Worte nicht aus einem ruhigen Gemüt herkämen, ergab er sich nicht beim ersten Mal, sondern fuhr heftiger fort: »Mein Bruder, mein Bruder, so wollt Ihr mir denn keinen Raum lassen?«, bis er mich zwang, ihn durch Vernunftgründe zu überzeugen und ihm zu sagen, da er atme und spreche und einen Körper besitze, müsse er infolgedessen auch seinen Ort haben. »Ja, ja,« antwortete er mir, »das habe ich, aber nicht den, den ich brauche, und überhaupt, ich lebe nicht mehr.« – »Gott wird Euch bald einen besseren geben«, sagte ich zu ihm. »Hätte ich ihn doch schon, mein Bruder«, antwortete er, »seit drei Tagen seufze ich danach, zu scheiden.« In dieser Todesangst rief er mir oft, um zu wissen, daß ich bei ihm war. Schließlich begann er etwas zu ruhen, was uns noch mehr in unserer guten Hoffnung bestärkte, dergestalt, daß ich aus dem Zimmer ging und mich mit Frau von La Boëtie darüber freute. Doch eine Stunde darauf, oder so ungefähr, rief er mich einmal oder zweimal beim Namen, seufzte hernach tief und gab dann den Geist auf, gegen drei Uhr am Mittwoch morgen, dem 18. August des Jahres 1563, im Alter von zweiunddreißig Jahren, neun Monaten und siebzehn Tagen.

WAS FOLGT, WENN MAN ZU JEMAND
SAGT: DU LÜGST

Ja, wer weiß es nicht, sagt man mir, das Vorhaben, sich seiner selbst zum Gegenstande, worüber man schreibt, zu bedienen, sei an großen, berühmten Leuten zu entschuldigen, die durch ihren großen Ruf den Wunsch rege gemacht, sie näher kennenzulernen? Es ist gewiß, ich gestehe es und weiß wohl, daß, um einen Menschen von gemeinem Schlage zu sehen, ein Handwerker kaum die Augen von seiner Arbeit aufschlägt, wohingegen, um einen großen und ausgezeichneten Mann, der in einer Stadt ankommt, zu sehen, Werkstätten und Krambuden verlassen werden. Keinem andern ziemt es, sich bekannt zu machen, als demjenigen, der sich zur Nachahmung darstellen kann und dessen Leben und Meinungen zum Muster dienen können. Cäsar und Xenophon haben Stoff genug, auf die Größe ihrer Taten als auf einen richtigen und festen Grund ihrer Erzählungen zu bauen und zu gründen. Ebenso sind die Tagebücher des großen Alexander, die Kommentare, welche Augustus, Cato, Sulla, Brutus und andere von ihren Taten hinterlassen hatten, wünschenswürdige Schriften. Dergleichen Männer liebt und studiert man, selbst in schlechten Kupfern und Statuen von Sandstein. Diese Bemerkung ist allerdings sehr wahr: mich aber geht sie nur sehr wenig an.

Non recito cuiquam, nisi amicis, idque coactus;
Non ubivis, coramve quibuslibet. In medio qui
Scripta foro recitent, sunt multi, quique lavantes.
[Nur meinen Freunden und niemandem sonst,

Und das auch nur gebeten, les' ich vor.
Nicht überall, nicht jedermann, wiewohl
So manche auf dem Markte und im Bade
Ihr Machwerk herzuschrein nicht blöde sind.

                                        Horaz, Sat. I, 4, 73]

Ich bilde hier keine Statue, um solche auf einem Marktplatz
oder in einer Kirche oder sonst an einem öffentlichen Orte
zu errichten.

Non equidem hoc studeo, bullatis ut mihi nugis
Pagina trugescat;
Secreti loquimur.
[Daß meine Schrift pausbäck'ger Wörtlein voll
So gleiß' und strotzte, das ist gar nicht meine Weise,
Ich spreche leise.   Persius, IV, 19]

Es ist für den Winkel eines Bücherbords und zum Zeitver-
treibe eines Nachbarn, eines Verwandten, eines Freundes,
dem es Vergnügen machen wird, von mir zu erzählen und
mich in diesem Bilde vertraulich zu kennen. Andere haben
ein Herz gefaßt, von sich zu reden, weil sie darin einen würdigen und reichen Gegenstand gefunden zu haben glauben:
ich hingegen, weil ich ihn so ungeschlacht und mager befunden habe, daß dabei kein Argwohn von Prahlerei statt-
finden kann. Ich urteile gern über die Handlungen anderer: von den meinigen gebe ich wenig zu beurteilen, wegen
ihrer Richtigkeit. Ich finde nicht so viel Gutes an mir, daß
ich es nicht ohne Erröten sollte erzählen können. Welch
ein Vergnügen würde es mir also sein, jemand zu hören,
welcher mir die Sitten, die Gestalten, das Betragen, die ge-

meinsten Reden und die Begebenheiten meiner Voreltern erzählte, wie aufmerksam würde ich ihm zuhören? Wahrlich es würde von einer bösen Natur zeugen, die Gemälde unserer Freunde und Vorfahren verächtlich zu halten, selbst die Form ihrer Kleidung und ihrer Waffen. Ich hebe von ihnen die Handschriften auf und ihre Siegel wie auch noch eine besondere Art von Degen und habe noch nicht die langen Spießgerten hinausgeworfen, die mein Vater gewöhnlich in der Hand zu führen pflegte.

Paterna vestis et annulus tanto carior est posteris, quanto erga parentes maior affectus.
[Das väterliche Kleid, der väterliche Ring ist den Nachgelassenen um so schätzbarer und heiliger, je größer die kindliche Liebe war.   Augustin, De civ. Dei I, 13]

Wenn indessen meine Nachkommenschaft hierin anders gesinnt ist, so weiß ich es schon recht gut, wie ich es wettmachen kann: denn sie soll sich nicht weniger aus mir machen können, als ich zu jener Zeit aus ihr machen werde. Aller Verkehr, den ich hierin mit dem Publikum habe, ist, daß ich sein Schreibgeräte borge, weil solches leichter und schneller schreibt. Zur Vergeltung bin ich vielleicht das Mittel, daß ein oder das andere Stück Butter auf dem Markte nicht wegschmilzt:

Ne toga cordyllis, ne penula desit olivis.
[Daß es den Lachsen nicht an Packpapier,
Und den Oliven nicht an Tüten fehle.

                                    Martial, XIII, 1, 1]

Et laxas scombris saepe dabo tunicas.
[Ich werde oft dem eingesalznen Hecht
Zu Windeln dienen.   Catull, XCIV, 8]

Und wenn mich kein Mensch liest, habe ich deswegen meine Zeit verloren, daß ich so manche müßige Stunde auf so
nützliche und angenehme Gedanken verwendet habe? Da
ich diese Figur nach mir schnitzelte, habe ich mich so oft
befühlen und betasten müssen, um das Verhältnis herauszubringen, daß sich das Muster dadurch befestigen und
einigermaßen selbst hat bilden müssen. Indem ich mich
für andere malte und so mir selbst gesessen bin, habe ich
dem Urbilde ein reineres Kolorit verschafft, als das war,
das es zuerst hatte. Ich habe mein Buch ebensowenig gemacht, als mein Buch mich gemacht hat: es ist ein Buch,
welches gleichen Wesens mit seinem Autor ist; es war eine
schickliche Beschäftigung, ist ein Glied meines Lebens;
war keine Beschäftigung, die auf fremden, unbestimmten
Zweck abzielte, wie alle anderen Bücher. Habe ich meine
Zeit damit verloren, daß ich mir so unablässig, so sorgfältig von mir selbst Rechenschaft abgelegt habe? Denn diejenigen, welche sich bloß, wenn ihnen einmal die Lust an-
wandelt, ein wenig überschauen und einmal ein Stündlein
davon sprechen, gehen nicht so tief in sich hinein und untersuchen sich nicht so gründlich als derjenige, der daraus
sein Studium, sein Werk und sein Geschäft macht, der sich
mit aller Treue und mit allem Vermögen darauf einläßt, ein
vollständiges Register über sich selbst anzufertigen. Die
empfindlichsten Vergnügungen, die der Mensch in sich
selbst genießt, fliehen es, eine Spur von sich zurückzu-
lassen, und fliehen den Blick nicht nur des Volks, sondern

eines jeden andern. Wie sehr hat mich dies Geschäft vor langweiligen Gedanken bewahrt, und für langweilig muß man alle rechnen, die auf nichts hinausgehen. Die Natur hat uns mit einer großen Fähigkeit beschenkt, uns mit uns selbst zu unterhalten, und fordert uns oft dazu auf, um uns zu lehren, daß wir uns zum Teil der Gesellschaft, dem größern Teile aber nach uns selbst schuldig sind. Um meine Einbildungskraft unter der Schere zu halten und selbst mit einiger Ordnung und Absicht zu phantasieren und die Imagination zu hüten, daß sie sich nicht in Wind und Wolken verliere: dazu ist nichts dienlicher, als so vielen flüchtigen Gedanken, die sich ihr vorstellen, einen Gehalt zu geben und sie zu Register zu bringen. Ich gebe meinen Phantasien Gehör, weil ich sie zum Protokoll zu fassen habe. Zuweilen, wenn ich über eine meiner Handlungen unzufrieden war, welche öffentlich zu tadeln mir Höflichkeit und Vernunft untersagten, habe ich mich hier darüber erleichtert, nicht ohne die Absicht einer öffentlichen Belehrung: und diese poetischen Ruten,

Zon dessus l'oeil, zon sur le groin,
Zon sur le dos du sagoin,

hinterlassen noch bessere Striemen auf dem Papier als auf der lebendigen Haut. Wie, wenn ich nun ein wenig mehr Aufmerksamkeit auf die Bücher verwende, seitdem ich darauf ausgehe, ob ich ihnen etwas absehen kann, wodurch ich das Meinige firnissen und mit dauerhaftem Schmelz überziehen kann? Ich habe gar nicht deswegen studiert, um ein Buch zu schreiben: ich habe das ein wenig studiert, was ich darinnen geschrieben habe, wenn man anders das studieren heißen kann, wenn man bald diesen, bald jenen Autor, bald mit dem Kopfe, bald mit den Füßen obenhin durchläuft und bald hie und bald da etwas aufschnappt, gar nicht um eine Meinung aufzufassen, sondern um ihr zu Hilfe zu kommen und ihr dienstbar zu sein, wenn ich sie bereits gefaßt hatte.

Aber wem werden wir zu einer so verderblichen Zeit glauben, wenn er von sich selbst spricht, da es so wenige, vielleicht niemanden gibt, dem wir glauben können, wenn er von andern redet, wobei doch weniger Eigennutz im Lügen stattfindet? Der Hauptzug des Sittenverderbnisses ist die Verbannung der Wahrheit: Denn wie Pindar sagte, Wahrhaftigkeit ist der Anfang einer großen Tugend und der erste Artikel, den Plato bei seiner Republik zur Bedingung macht. Unsere Wahrheit heutigentags besteht nicht in dem, was ist, sondern wovon man andere überredet: so wie wir nicht nur das Münze nennen, was gesetzesmäßig ausgeprägt ist, sondern auch die falsche, welche mit unterläuft. Man hat unserer Nation schon seit langer Zeit dieses Laster vorgeworfen; denn Salvianus Massiliensis, welcher zur Zeit des Kaisers Valentinian lebte, sagte: Unter den Franzosen sind Lügen und Meineid kein Laster, sondern nur Redensarten. Wer dieses Zeugnis ein wenig stärker ausdrücken wollte, der könnte sagen, daß es bei ihnen heutzutage Tugenden sind: man wird dazu erzogen, dazu gebildet, wie zu einer ehrenvollen Übung. Verstellungskunst wird unter die vorzüglichsten Eigenschaften des Jahrhunderts gezählt.

Deswegen habe ich oft darüber nachgedacht, woher diese Gewohnheit entstanden sein möge, auf welche wir so pünktlich halten, daß wir uns bitterer beleidigt fühlen, wenn man uns dieses Laster vorwirft, welches uns doch gewöhnlicher ist als irgendein anderes, und daß es die ärgste Verbalinjurie ausmacht, wenn man zu jemand sagt: Du hast gelogen. Hierüber meine ich nun, es sei natürlich, sich am hitzigsten wegen solcher Fehler zu verteidigen, die uns am meisten ankleben. Es scheint, wenn man sich über eine Beschuldigung ereifert und in Zorn gerät, daß man solche gewissermaßen von sich ablehne; wenn wir das Gebrechen an uns haben, so verdammen wir es doch wenigstens dem Scheine nach, wäre es auch vielleicht deswegen, weil dieser Vorwurf zugleich Feigheit und Niederträchtigkeit des Herzens in sich zu fassen scheint? Gibt es eine ausdrücklichere Niederträchtigkeit, als sein eigenes Wort zur Lüge zu machen? Sich mit Bedacht Lügen zu strafen? Es ist ein häßliches Laster ums Lügen, und ein alter Schriftsteller stellt es in seiner ganzen Schändlichkeit dar, wenn er sagt, es heiße ein Zeugnis ablegen, daß man Gott verachte und zu gleicher Zeit die Menschen fürchte. Es ist nicht möglich, mit treffendern Farben die Abscheulichkeit, die Niederträchtigkeit und Verworfenheit dieses Lasters abzuschildern; denn kann man sich was Elenderes denken, als in Hinsicht auf die Menschen feige und verzagt und in Hinsicht auf Gott keck und kühn zu sein? Da wir untereinander unsere Gedanken bloß durch Worte mitteilen, um danach unsere Handlungen einrichten zu können, so wird derjenige an der bürgerlichen Gesellschaft zum Verräter, welcher seine Worte verfälscht. Sie sind das einzige Werkzeug, wodurch wir unser Verlangen und unsre Gedanken mitteilen. Sie sind der Dolmetscher unserer Seele. Entsteht uns dieser, so ist weiter kein Zusammenhalt, wir kennen einander nicht mehr: betrügt er uns, so stört es allen unsern Umgang und zerschneidet alle geselligen Bande. Gewisse Völkerschaften des neuern Indiens (ihr Name ist nicht nötig anzumerken; sie sind nicht mehr vorhanden, denn bis zur gänzlichen Vertilgung der Namen und der vorigen Lage der Örter hat sich die Verwüstung dieser eroberten Länder erstreckt; ein unerhörtes schreckliches Beispiel!), diese Völker, sage ich, opferten ihren Göttern Menschenblut, aber kein anderes als das aus ihrer Zunge oder aus ihren Ohren gezapft worden, zur Sühne der Sünde des Lügens, sowohl durchs Hören als durchs Reden. Jener gute alte Grieche sagte, die Kinder spielen mit Klappern und die Menschen mit Worten. Was die verschiedene Sitte anlangt, womit man jemanden Lügen straft, die Ehrengesetze, welche man darüber zu beobachten pflegt, und die verschiedenen Veränderungen, die damit vorgegangen sind, so verspare ich auf eine andere Gelegenheit, das zu sagen, was ich davon weiß, und werde mich unterdessen bemühen zu erfahren, um welche Zeit der Brauch angefangen hat, die Worte so genau abzuwägen und abzumessen und unsere Ehre daran zu knüpfen: denn es ist leicht abzusehen, daß sie ehedem bei den Römern und Griechen nicht stattfand, und es hat mir oft neu und sonderbar geschienen, zu sehen, wie sie zuweilen schimpften und schmähten, ohne gleichwohl darüber zu Tätlichkeiten zu schreiten. Die Gesetze ihrer Pflichten nahmen einen andern Gang als den unsrigen. Den Cäsar nennt man bald einen Räuber, bald einen Säufer. Man sieht die große Freiheit, womit sie einander schelten und schmähen: Ich spreche von den größten Feldherren der einen Nation sowohl als der andern, wobei sie sich bloß mit Worten rächten, ohne daß es andere Folgen hatte.

VON DER REUE

Andern ist der Mensch ein Gegenstand der Bildung, mir
der Erzählung, und ich stelle einen einzelnen dar, der sehr
übel gebildet ist. Könnte ich den ganz von neuem model-
lieren, so würde ich wahrhaftig ganz etwas anderes daraus
machen, als er ist. Dazu ist's aber leider zu spät. Die Züge
meines Gemäldes aber werden nicht verwischt, ob sie gleich
sich verändern und verbleichen. Die Welt ist nichts als eine
ewige Schaukel. Alle Dinge schaukeln ohne Unterlaß, die
Erde, die Felsen des Kaukasus, die ägyptischen Pyramiden,
durch den allgemeinen sowie durch ihren eigentümlichen
Wackelgang. Die Beständigkeit selbst ist nichts andres als
eine schwächer geschwungene Schaukel. Ich kann meinen
Gegenstand nicht zum Feststehen bringen, er wankt und
schwankt wie von einem natürlichen Räuschchen. In dem
Punkte nehme ich ihn, wie er ist, während der Augenblicke, da ich mir einen Zeitvertreib mit demselben mache. Ich male nicht das Wesen; ich male seinen Übergang;
nicht einen Übergang von einem Alter zum andern, nach
der Volksfrage von sieben zu sieben Jahren, sondern von
Tag zu Tag, von Minute zu Minute. Ich muß meine Geschichte nach der Stunde einrichten. Ich könnte leicht bald
andern Sinnes werden, nicht bloß aus Zufall und Glück,
sondern auch durch Absicht und Vorsatz. Es ist ein Protokoll von verschiedenen und veränderlichen Zufällen, von
unbestimmten und, wie es sich trifft, wohl gar von widersprechenden Einbildungen; komme es daher, daß ich selbst
nicht immer derselbe bin, oder komme es daher, daß ich
die Gegenstände unter andern Gesichtspunkten auffasse:

So viel ist ausgemacht, daß ich mir wohl zuweilen widerspreche, der Wahrheit aber, wie Demades sagte, widerspreche ich niemals. Wenn meine Seele einen festen Ruhepunkt finden könnte, so würde ich nicht mehr tappen, sondern mich entschließen; aber so ist sie noch immer in Lehrjahren und auf der Probe.

Ich lege ein niedriges, glanzloses Leben vor. Das ist einerlei. Man heftet die ganze philosophische Moral ebensogut an ein gemeines, niedriges Leben als an ein Leben vom reichsten Gehalt. Jeder Mensch trägt die ganze Form des Standes der Menschheit an sich. Die Schriftsteller teilen sich dem Volke mit durch irgendeinen besondern und auszeichnenden Stempel. So ich, der erste unter allen, durch mein universelles Wesen als Michel von Montaigne; nicht als Grammatiker oder Poet oder Rechtsgelehrter. Beschwert sich die Welt darüber, daß ich zuviel von mir selbst spreche, so beschwere ich mich darüber, daß sie nicht einmal an sich denkt. Ist es aber billig, daß ich in sonderbarem Gebrauch darauf ausgehe, mich so allgemein und öffentlich bekannt zu machen? Ist es vernünftig, daß ich der Welt, bei welcher der Schnitt der Kunst soviel Glauben und Gewalt hat, rohe einfache Wirkungen der Natur, und noch dazu einer schwächlichen Natur, vorlege? Heißt das nicht eine Mauer ohne Steine aufführen oder etwas Ähnliches, wenn man ein Buch ohne Gelehrsamkeit schreibt? Die Phantasien einer Musik werden durch Kunst hervorgebracht, die meinigen durch den Zufall. Wenigstens habe ich dieses nach dem wissenschaftlichen System für mich, daß niemals ein Mensch einen Gegenstand behandelte, den er besser kannte und verstand, als ich den Gegenstand kenne und verstehe, den ich unter die Feder ge-

nommen habe, und daß ich hierin der gelehrteste Mensch
bin, der auf der Welt lebt. Zweitens, daß niemals ein Mensch
in seine Materie tiefer eingedrungen sei, noch ihre Glieder und Folgen deutlicher auseinandergesetzt habe und niemals richtiger und umfassender zu dem Zweck gelangt sei,
den er sich bei seiner Arbeit vorgesetzt hatte. Um diesen
Zweck zu erreichen, bedarf ich weiter nichts, als mit aller
Treue zu verfahren, und diese ist bei mir die reinste und
offenherzigste, die man finden kann. Ich rede wahr; nicht
gerade eben alles, was ich weiß, sondern soviel, als ich
mir davon zu sagen getrauen darf, und wage immer ein wenig mehr, wie ich älter werde, denn es scheint, als ob die
Gewohnheit diesem Alter etwas mehr Freiheit einräumte
zu plaudern und ohne Zurückhaltung über sich selbst zu
schwatzen. Es kann hier nicht zutreffen, was ich oft zutreffen sehe, daß der Künstler und sein Kunstwerk sich vor einander verleugnen. Hat der Mensch von so angenehmem
Umgange ein so dummes Buch geschrieben? Oder ist ein
so gelehrtes Werk aus den Händen eines so mittelmäßi-
gen Gesellschafters geflossen? Der im Umgange so gemein
spricht, sollte der so vortrefflich schreiben? Das heißt ungefähr, seine Fähigkeiten liegen in Dingen, die er erborgt
hat und nicht sein eigen sind. Die Gelehrsamkeit eines ge-
lehrten Mannes erstreckt sich nicht auf alle und jede Dinge, aber der verständige Mann ist allenthalben verständig,
selbst im Nichtwissen. Hier gehen wir Hand in Hand eines
Weges, mein Buch und ich. In andern Fällen kann man ein
Werk ohne Rücksicht auf seinen Verfasser loben oder
tadeln, aber nicht hier. Wer das eine angreift, greift auch
den andern an. Wer mein Buch beurteilen will, ohne mich
zu kennen, tut sich selbst mehr weh als mir. Wer mich ge-

kannt hat, läßt ihm Gerechtigkeit widerfahren. Glücklich bin ich, über mein Verdienst, wenn ich nur diesen Anteil am öffentlichen Beifall erhalte, daß verständige Menschen empfinden, ich sei fähig gewesen, mich der Wissenschaften nützlich zu bedienen, wenn ich welche besessen hätte, und hätte wohl verdient, mehr Hilfe und Beistand von meinem Gedächtnisse zu haben. Ich muß mich hier darüber entschuldigen, daß ich oft sage, daß mich sehr selten etwas reut und daß mein Gewissen mit sich selbst zufrieden sei, nicht etwa wie das Gewissen eines Engels oder eines Pferdes, sondern wie das Gewissen eines Menschen. Ich will aber in Gottes Namen die Wiederholung hinzusetzen, nicht etwa als eine Wiederholung einer bloßen Höflichkeit, sondern der wesentlichen und ausdrücklichen Unterwerfung; ich spreche als einer, der fragt und nicht weiß, und unterwerfe mich ohne weiteres dem Endurteil der allgemeinen und rechtsgültigen Meinung. Ich bin kein Lehrer, ich bin nur Erzähler.

Es gibt kein Laster, welches ein wirkliches Laster ist, das nicht jedem zuwider wäre und dem gesunden Verstande mißfiele; denn es ist damit eine solche Häßlichkeit und ein so auffallender Nachteil verbunden, daß diejenigen vielleicht recht haben, welche behaupten, es sei hauptsächlich ein Erzeugnis der Dummheit und Unwissenheit; so schwer ist es, sich nur einzubilden, man vermöge es zu können, ohne es zu hassen. Die menschliche Verderbtheit haucht den größten Teil ihres Giftes in sich selbst ein und vergiftet sich dadurch. Das Laster läßt, wie ein Geschwür im Fleische eine Narbe, in der Seele eine Reue nach, welche sich beständig krault und sich selbst blutig kratzt. Denn die Vernunft heilt alle übrigen Schmerzen und Betrübnisse, erzeugt aber den Schmerz der Reue, welche um so bitterer ist, weil sie sich nur innerlich regt, so wie der Frost und die Hitze des Fiebers viel peinlicher sind, als Frost und Hitze, die von außen auf uns wirken. Ich halte für Laster (jedoch jedes nach seinem Maße und Gewicht) nicht nur das, was Vernunft und Natur verdammen, sondern auch das, was die Meinung der Menschen dafür erklärt; wäre es auch aus falschem Irrwahn, sobald dieser das Ansehen der Gesetze und Gewohnheit für sich hat. Ebenso gibt es keine Güte, die nicht einem redlichen Gemüte Freude mache. Man wünscht sich selbst gewissermaßen Glück, wenn man Gutes tut, freut sich darüber in seinem Innern, und ein edler Stolz begleitet ein gutes Gewissen. Eine Seele, die mit Mut und Tapferkeit lasterhaft ist, kann sich vielleicht selbst in eine gewisse Ruhe einwiegen; aber jene Zufriedenheit, jenes behagliche Selbstgefühl kann sie sich nicht gewähren. Es ist kein unbedeutendes Vergnügen, das Bewußtsein, sich vor der ansteckenden Seuche eines so verderbten Zeitalters bewahrt zu haben und sich selbst sagen zu können: Wer mir bis in die Seele sehen könnte, würde mich niemals des Unglücks und des Verderbens irgendeines Menschen für schuldig halten noch der Rachgier oder des Neides noch der Übertretung der öffentlichen Gesetze noch der Neuerungen oder des Aufruhrs noch der Wortbrüchigkeit; und was auch die Zügellosigkeit unserer Zeiten jedermann erlaubt und lehrt, so habe ich doch meine Hand nie an die Güter oder den Geldkasten meiner Mitbürger gelegt und habe sowohl im Kriege als im Frieden bloß von dem Meinigen gelebt und niemanden für mich arbeiten lassen, dem ich nicht seinen verdienten Lohn bezahlt hätte. Diese Zeugnisse eines guten Gewissens sind beruhigend, und es ist eine große Wohltat, daß dieser natürliche Genuß die einzige Belohnung ist, die uns niemals entgeht.

Eine Vergeltung tugendhafter Handlungen auf anderer Menschen Beifall gründen heißt auf einen zu unsichern und sandigen Grund bauen, zumal in so verderbten und unaufgeklärten Zeiten wie den jetzigen, wo die Hochachtung des Volks beinahe zum Schimpfe gediehen ist! Auf wen soll man sich in Ansehung dessen, was löblich ist, verlassen? Gott bewahre mich, ein rechtschaffener Mann nach der Beschreibung zu sein, die ich täglich fast jedermann von sich selbst machen und als rühmlich ausgeben sehe.

Quae fuerunt vitia, mores sunt.
[Was Laster waren, ist zur Sitte geworden.
                                                  Seneca, Epist. 39]

Verschiedene meiner Freunde haben es zuweilen unternommen, mich auszukapiteln und mir tüchtig die Epistel zu lesen, teils aus eigenem Triebe, teils auf meinen Aufruf, als zu einer Pflicht, welche für eine gutgeartete Seele nicht nur in Ansehung des Nutzens, sondern auch in Ansehung des Vergnügens die erste unter allen Freundschaftspflichten ist. Ich habe solches immer mit der aufrichtigsten Höflichkeit und Erkenntlichkeit aufgenommen; jetzt aber, gewissenhaft darüber zu sprechen, habe ich doch oft in ihren Belehrungen und Belobungen so viel schiefe Urteile gefunden, daß ich eben keinen Fehler begangen hätte, wenn ich lieber gefehlt als nach ihrer Meinung mich wohl betragen hätte. Wir armen Menschen, welche hauptsächlich ein häusliches Leben führen, das nur uns bekannt ist, müssen für uns ein festes Muster aufgestellt haben, nach dem wir unsere Handlungen abmessen und uns selbst nach diesem zuweilen liebkosen und zuweilen bestrafen. Ich habe meine eigenen Gesetze und meinen eigenen Gerichtshof, von welchem ich Urteil und Recht nehme, und wende mich mehr an diesen als andere. Ich schränke mich wohl ein mit meinen Handlungen nach andern, dehne solche aber aus, bloß nach mir selbst. Ein jeder Mensch weiß nur selbst, ob er feig und grausam, ob er gottlos oder fromm ist. Andere Leute sehn ihn nicht, sondern erraten ihn nur nach ungewissen Vermutungen; sie sehen nicht sowohl sein Naturell als seine Kunst; daher muß man sich nicht sowohl an ihren, als an den Ausspruch seines eigenen Gewissens halten.

Tuo tibi judicio est utendum. Virtutis et vitiorum grave ipsius conscientiae pondus est; qua sublata, jacent omnia.
[Hier gilt Selbsturteil. Bei Tugend und Laster kommt alles aufs Gewissen an. Gibt es kein Gewissen, so gibt es kein Laster, keine Tugend mehr.

Cicero, Tusc., II, 26; De nat. deor. III, 35]

Was man aber sagt, daß die Reue der Sünde auf der Ferse folge, scheint nicht auf eine solche Sünde zu gehn, die in ihren Staatskleidern einhergeht und bei uns wie in ihrem Palaste wohnt. Solche Vergehungen, welche uns überraschen und zu denen uns Leidenschaften hinreißen, können wir als fremde Gäste verkennen und verleugnen; solche aber, die sich durch eine lange Gewohnheit in einem starken und festen Willen eingewurzelt und eingeankert haben, würde man vergebens als uns unbekannt ausgeben.

Die Reue ist weiter nichts als eine Ableugnung unsers Willens und ein Widerspruch gegen unsere Phantasie, welche uns nach allen Richtungen verleitet. Sie ließ jenen seine vergangene Jugend und seine Enthaltsamkeit ableugnen.

Quae mens est hodie, cur eadem non puero fuit?
Vel cur his animis incolumes non redeunt genae?
[Was mir bei diesem grauen Bart,
Warum fiel mir's nicht bei meinem Milchhaar ein,
Und warum kehrt bei meinem Weisersein
Nicht auch der Wangen Frührot wieder?
                                        Horaz, Od. IV, 10, 7]

Es ist eine vortreffliche Lebensweise, die sich bis in die innerste Häuslichkeit in Ordnung erhält. Jedermann kann am Schauspiele teilnehmen, eine vornehme Rolle übernehmen und mit Wärme ausführen; aber darauf kommt es an, ob in seiner Brust, in seinem Innern, wo alles erlaubt, wo alles verborgen ist, alles nach der Regel gehe. Die nächste Stufe ist, ob man es auch daheim und in seinen Alltagsangelegenheiten sei, von welchem wir niemand Rechenschaft abzulegen haben, wo kein Künsteln, kein Studieren stattfindet. Und gleichwohl, wenn Bias eine vortreffliche Haushaltung schildert, sagt er, der Hausvater derselben sei ebenderselbe daheim, aus eigenem Antriebe, als er es außer dem Hause, aus Furcht vor den Gesetzen und der Nachrede der Menschen sei.

Und war es eine würdige Antwort, welche Julius Drusus den Arbeitern gab, die sich erboten, für 3000 Taler sein Haus dergestalt einzurichten, daß seine Nachbarn nicht mehr so hineinsehen könnten wie bisher. Ich will euch, sagte er, 6000 geben, wenn ihr es so macht, daß jedermann von allen Seiten hineinsehen kann. Man bemerkt es als etwas Rühmliches an Agesilaus, daß er auf Reisen im Gebrauch hatte, seine Herberge in den Tempeln zu nehmen, damit das Volk und selbst die Götter sein häusliches Benehmen beobachten könnten. Es gibt Menschen, welche von der Welt bewundert worden sind, denen Ehefrauen und Bediente nicht einmal etwas Merkwürdiges angesehen haben; wenige Männer sind von ihren Hausgenossen bewundert worden. Niemals galt ein Prophet, wie die Geschichte aus der Erfahrung bemerkt, nicht bloß in seinem Hause, sondern auch sehr wenig in seinem Vaterlande. So geht es auch mit geringfügigen Dingen, und in diesem niedrigen Beispiele sieht man das Bild des Großen. Unter meinem gaskonischen Himmelsstriche hält man es für einen närrischen Spaß, mich gedruckt zu sehn. Je weiter die Kenntnis von mir sich von meiner Hütte entfernt, je besser scheine ich. In meiner nächsten Nachbarschaft mußte ich dem Verleger zugeben; die entferntern bezahlen mir. Auf diesen Umstand gründen sich diejenigen, welche sich lebend und gegenwärtig verbergen, um sich als Verstorbene oder Abwesende in Ruf zu bringen. Ich will aber lieber weniger berühmt sein und trete in der Welt nur auf, um mein bescheiden Teil dahin zu nehmen. Das Volk geleitet zuweilen einen Mann von einer öffentlichen Verrichtung mit Jubel und Erstaunen bis an die Pforte seines Hauses. Da legt er mit seinem Amtskleide auch die große Rolle ab und fällt desto tiefer, je höher man ihn erhoben hatte. Im Innern seines Hauses steht es elend und geht alles drüber und drunter. Befände sich auch in demselben Ordnung, so gehörte doch ein heller und scharfsichtiger Verstand dazu, solche in seinen niedrigen Handlungen als Privatmann zu entdecken. Denn man muß nicht vergessen, daß Ordnung eine stille, geräuschlose Tugend ist. Schlachten gewinnen, Gesandtschaften führen, ein Volk regieren, das sind glänzende Taten. Still und gerecht Verweise geben, lachen, verkaufen, bezahlen, lieben, hassen und mit den Seinigen und mit sich selbst ehrbar umgehen; in allen seinen Pflichten nicht lasch werden noch sich widersprechen, das ist seltener, schwerer, und macht weniger Aufsehen. Mag man darüber sagen, was man will, das stille Leben eines ehrbaren Bürgers hat Pflichten, die ebensoviel Kräfte und Anspannung erfordern als das Leben der Staatsmänner. Und die Privatleute, sagt Aristoteles, leisten der Tugend schwerere und wichtigere Dienste als die Herren des obersten Rates. Auf wichtige Angelegenheiten bereiten wir uns vor, mehr aus Ruhmsucht als aus Gewissenhaftigkeit. Der kürzeste Weg, zum Ruhme zu gelangen, wäre, des Gewissens wegen zu tun, was wir nur um Ruhm zu erhalten verrichten. Und die Tugend des Alexander scheint mir auf seinem glänzenden Schauplatze weit weniger Kraft zu verraten als die Tugend des Sokrates, in ihren Übungen auf seiner kleinen, dunklen Bühne. Ich kann mir ganz leicht den Sokrates an Alexanders Stelle denken; den Alexander aber an Sokrates' Stelle denken, damit kann ich nicht zurechtkommen. Wenn man den Alexander fragt: Worauf verstehst du dich?, so wird er antworten: Die Welt zu überwinden. Wer dem Sokrates dieselbe Frage tut, dem wird er antworten: Das menschliche Leben so zu führen, wie es seine Natur verlangt; eine weit gemeinnützigere, wichtigere und brauchbarere Wissenschaft.

Der wahre Wert einer Seele beruht nicht in ihrem hohen

Fluge, sondern in ihrem regelmäßigen Gange; ihre Größe zeigt sich weniger in der Größe als in der Mittelmäßigkeit. Also machen diejenigen, welche uns nach unserm Innern beleuchten und beurteilen, auch nicht viel Aufhebens von dem Schein und Glanze unserer öffentlichen Handlungen und sehen darin nichts als Strahlen und Tropfen eines hellen Wassers, das aus einem übrigens schlammigen und schmutzigen Boden in die Höhe getrieben wird. In dergleichen Fällen schließen diejenigen, welche uns nach dem so wackern äußern Anscheine beurteilen, ebenso auf unsere inwendige Beschaffenheit und können die gewöhnlichen und ihnen selbst ähnlichen Fähigkeiten nicht mit den andern Fähigkeiten zusammenreimen, welche sie in so weiter Ferne anstaunen. Daher malen wir den Teufel unter so unförmlichen Gestalten. Und wer denkt sich nicht den Tamerlan mit dicken, hohen Augenbrauen, mit weiten Nasenlöchern, mit einem schrecklichen Gesicht und übermäßig großem Wuchs, als einem Wuchs der Einbildung, die er sich aus dem Gerüchte seines Namens gebildet hat. Wer mir ehedem den Erasmus gezeigt hätte, dem würde es schwer geworden sein, mich zu verhindern, alles, was er seinem Bedienten und seiner Wirtin gesagt hätte, für Weisheitssprüche und Apophthegmen zu halten. Wir denken uns einen Handwerker und Künstler viel richtiger nach seiner Art, sich zu kleiden, und nach seiner Hausfrau als einen großen Präsidenten, der sich nur durch seinen Gang und seine Mienen ehrwürdig macht. Es deucht uns, daß diejenigen, die auf hohen Thronen sitzen, sich nicht so tief bis zu Dingen des gemeinen Lebens erniedrigen können. So wie niederträchtige Seelen oft durch fremden Anstoß getrieben werden, gut zu handeln, so werden es auch die tugendhaften zum Schlechthandeln. Man muß sie also nach ihrem ruhigen Zustande beurteilen, wenn sie gleichsam zu Hause sind, wenn das zuweilen der Fall ist, oder zum wenigsten, wenn sie der Ruhe näher sind und sich in ihrer natürlichen Lage befinden.

Die natürlichen Neigungen werden durch die Erziehung weiter ausgebildet und verstärkt; aber sie ändern und übertreffen sich selten. Zu meiner Zeit haben sich tausend Naturen durch eine ganz entgegenstehende Erziehung zur Tugend oder zum Laster hingearbeitet:

Sic ubi desuetae silvis in carere clausae
Mansuevere ferae, et vultus posuere minaces,
Atque hominem didicere pati, si torrida parvus
Venit in ora cruor, redeunt rabiesque furorque,
Admonitaeque tument gustato sanguine fauces;
Fervet, et a trepido vix abstinet ira magistro.
[Wie wenn reißende Tiere, des Waldes entwöhnt, in Eisen eingegittert, bezähmt, entlernet haben den Grimm-Blick und gelernet, den Menschen zu dulden. Kaum netzet den dürren Gaumen ein wenig Blut, so kehret ihr Rasen zurück, und vom gekosteten Blute gemahnet, schwellet der Rachen, lechzt, und mit Mühe schont sein Toben des zitternden Herrn noch.   Lucan, IV, 237]

Diese ursprünglichen Eigenschaften rodet man nicht aus, man bekleistert, man verhüllt sie. Die lateinische Sprache ist mir gleichsam natürlich, ich verstehe sie besser als meine Muttersprache. Seit vierzig Jahren aber habe ich mich ihrer zum Sprechen gar nicht und zum Schreiben nur wenig bedient. Dennoch habe ich bei außerordentlichen und

plötzlichen Gemütsbewegungen, worin ich zwei oder dreimal in meinem Leben geraten bin – welches einmal geschah, als mein Vater bei voller Gesundheit mir ohnmäch-
tig in die Arme sank –, allemal die ersten Worte, die aus
dem Innersten meiner Seele kamen, im Latein ausgesto-
ßen. Die Natur brach gegen eine so lange Gewohnheit aus
sich selbst mit Gewalt hervor, und dieses Beispiel erklärt
hinlänglich alle übrigen.

Diejenigen, welche versucht haben, zu meiner Zeit die
Sitten der Welt durch neue Meinungen und Lehren umzu-
formen, benehmen den Lastern ihren äußern Schein; was
ihr inneres Wesen betrifft, das lassen sie linker Hand liegen, wenn sie solches nicht vermehren, und diese Vermeh-
rung ist sehr zu fürchten. Man hält sich gern in dieser
äußern Reformation bei ganz andern Verbesserungen auf,
die weniger kosten und mehr Aufsehen machen; dadurch
befriedigt man leichtern Kaufs die andern wesentlichern
und innern Fehler und Laster. Man betrachte nur ein wenig, wie sich unsere Erfahrung dabei befindet. Da ist kein
Mensch, der, wenn er sich untersucht, nicht eine eigene
Form in sich entdeckte, eine herrschende Form, welche gegen die Erziehung ankämpft, und gegen den Sturm der Leidenschaften, die ihm entgegenstehen. Ich, für mein Teil,
ich fühle dieselbe selten und nur stoßweise. Ich finde mich
fast beständig auf meinem Platze, wie alle schweren Körper zu tun pflegen; wenn ich auch nicht daheim bin, so
bin ich doch immer ganz in der Nähe; meine Ausschwei-
fungen führen mich nicht sehr weit, sie sind niemals außer-
ordentlich und heftig, und doch habe ich eine warme und
starke Einbildungskraft.

Die wahre Verwerflichkeit, und welche die gemeine Denkungsart unserer Menschen betrifft, ist, daß selbst ihr häusliches Leben voller Schmutz und Verderbtheit, der Gedanke an ihre Besserung schwach und winzig, ihre Reue und Buße krank und gebrechlich ist, ungefähr ebenso wie die Sünden; einige unter ihnen entweder deswegen, weil sie mit dem Laster von Natur genau verbunden sind oder weil sie durch eine lange Gewohnheit seine Häßlichkeit nicht mehr merken. Andere (zu deren Gesellschaft ich auch gehöre) fühlen den Druck ihrer Fehler; sie geben ihnen aber durch das Vergnügen oder andere Nebendinge ein Gleichgewicht und dulden sie und fügen sich ihnen um einen gewissen Preis, gleichwohl aus Schwachheit und Gebrechlichkeit des Gemüts. Bei alledem könnte man sich vielleicht ein so entferntes Mißverhältnis denken, wo nach allem Recht das Vergnügen die Sünde entschuldigte, wie wir es von der Nützlichkeit sagen; nicht nur, wenn es zufällig und nicht mit der Sünde zusammenhinge, wie beim Stehlen, sondern in seinem Genusse selbst, wie bei der Umarmung eines Weibes, wo der Reiz heftig ist und zuweilen, wie man sagt, unwiderstehlich. Als ich neulich in Armagnac auf dem Landgute eines meiner Verwandten mich befand, sah ich einen Bauer, den jedermann den Dieb nannte. Er erzählte folgendes von seinem Leben: Er wäre als ein Bettler geboren, und da er gefunden habe, wenn er sein Brot mit seiner Hände Arbeit verdienen sollte, so würde er niemals dahin gelangen, sich gegen Dürftigkeit hinlänglich zu sichern, so habe er beschlossen, sich auf das Stehlen zu legen, und habe seine ganze Jugend hindurch dies Handwerk mit aller Sicherheit getrieben, weil er viele körperliche Stärke besäße, denn er mähte und erntete fremde Äcker und Weinberge; aber er tat es immer in solcher Entfernung von seinem Wohnorte und in so großen Haufen, daß es unglaublich schien, ein Mensch habe in einer Nacht so viel auf seinen Schultern davontragen können. Dabei war er nebenher besorgt, den Schaden, den er anrichtete, auf die Menge gleich zu verteilen, so daß er jeden Bestohlenen insbesondere weniger drückte. Er befindet sich jetzt in seinem Alter für einen Menschen von seinem Stande durch dieses Gewerbe, wovon er gar kein Hehl mehr macht, ziemlich reich. Und um sich mit dem lieben Gott wegen dieses Erwerbsmittels auszugleichen, sagt er, er sei jeden Tag darauf bedacht, denjenigen, die er bestohlen, durch Wohltaten Ersatz zu leisten, und wenn er damit nicht völlig zu Ende käme (denn es auf einmal zu tun, sei er nicht imstande), werde er es seinen Erben auftragen, nach dem Verhältnisse des Schadens, den er einem jedweden zugefügt, welches nur ihm allein bekannt sei. Nach dieser Erzählung, sie sei nun wahr oder falsch, hält dieser Mensch den Diebstahl für etwas Lasterhaftes und haßt ihn, aber weniger als die Armut; er bereut ihn, an sich selbst betrachtet, aber insofern er ihn als erstattet und wiedervergolten betrachtet, fühlt er darüber keine Reue. Sieht man hieran nicht, daß es die Gewohnheit sei, die uns dem Laster gleichsam einverleibt und selbst unsern Verstand mit ihm aussöhnt? Ist es nicht der heftige Sturm der Leidenschaften, der unsere Seele blendet und verwirrt und uns für den Augenblick mit allen unsern Überlegungen und allem Nachdenken in den Abgrund des Lasters stürzt?

Ich habe die Gewohnheit an mir, alles, was ich tue, ganz zu tun, und verändere meinen Schritt nie. Ich spüre eben keinen Trieb, der sich meiner Vernunft verberge und verhehle und der sich nicht ungefähr durch die Einwilligung meiner übrigen Seelenkräfte leiten lasse, ohne innere Empörung und Zwietracht; meine Urteilskraft hat beständig daran allein Schuld oder auch allein das Lob davon, und die Schuld, die solche einmal hat, hat sie beständig. Denn fast von ihrer ersten Tätigkeit an ist sie sich selbst gleich, von einerlei Hang, einerlei Gang, von einerlei Stärke. Und in Rücksicht auf allgemeine Meinungen habe ich mich von meiner Kindheit an auf den Punkt gesetzt, wo ich mich halten sollte. Es gibt unter den Sünden einige, die mit Ungestüm, plötzlich und schnell uns überrumpeln, wovon wir hier nichts sagen wollen; aber von jenen andern Sünden, welche so oft mit Überlegung und Bedacht wiederholt werden, oder von Sünden des Temperaments oder von Sünden der Gewerbe und Geschäfte kann ich nicht begreifen, wie sie so lange in einem Herzen statthaben können, ohne daß die Vernunft und das Gewissen desjenigen, den sie besitzen, sie allemal billige und sich mit ihnen einverstehe, und die Reue, die, wie er sich rühmt, ihn zu gewissen vorgeschriebenen Zeiten darüber ankommt, ist mir ein wenig schwer zu begreifen und vorzustellen. Ich bin darüber mit der Sekte des Pythagoras nicht einig, daß die Menschen eine neue Seele empfangen, wenn sie sich den Bildnissen der Götter nähern, um ihre Orakelsprüche zu hören, es sei denn, daß Pythagoras damit hat sagen wollen, daß sie zu diesen Zeiten geändert, neu und rein sein müssen. Die unsrige, die so wenige Zeichen der Reinigung von sich blicken läßt, ist wenigstens für diese Handlung in keiner schicklichen Fassung.

Man tut gerade das Gegenteil von dem, was die Stoiker vorschreiben, welche uns zwar gebieten, die Unvollkommenheiten und Laster, die wir an uns wahrnehmen, zu verbessern, aber uns dabei verbieten, dadurch die Ruhe unserer Seele zu stören. Diese wollen uns weismachen, daß sie ein herbes Mißvergnügen und Gewissensunruhe in ihrem Innern darüber fühlen, aber von Änderung und Besserung und von Unterlassung lassen sie nichts verspüren. Es ist keine Genesung, solange man nicht von dem Übel befreit worden. Wenn die Reue auf der Waagschale nur von einigem Gewicht wäre, so würde sie die Sünde in die Luft heben. Ich finde keine Eigenschaft so leicht nachzuäffen als fromme Andacht, wenn sie nicht die Sitten und das Leben bessert. Ihr Wesen selbst liegt in heiliger Dunkelheit, ihr äußerer Schein aber hat einen leicht zu fassenden Anstrich.

Was mich anbetrifft, so kann ich überhaupt zuweilen wünschen, anders zu sein, als ich bin; ich kann meine allgemeine Art und Weise verwerflich finden, mir darüber gram sein und Gott um gänzliche Sinnesänderung und Verzeihung meiner natürlichen Schwachheiten anflehen. Das aber, meine ich, dürfe ich nicht Reue nennen, ebensowenig als das Mißvergnügen darüber, daß ich weder ein Engel noch ein Cato sei. Meine Handlungen sind ordentlich eingerichtet und meinem Zustande und dem, was ich bin, gemäß. Ich kann nicht mehr tun, und die Reue hat eigentlich mit solchen Dingen nichts zu tun, die nicht in unsern Kräften liegen, wohl aber das Bedauern. Ich denke mir eine unendliche Reihe von erhabenern und regelmäßigern Naturen als die meinige; aber meine Fähigkeiten verbessere ich dadurch ebensowenig, als mein Arm oder mein Verstand dadurch stärker werden, daß ich mir welche denken kann, die es sind. Wenn das Denken und Wünschen, nach einer edlern Art zu handeln als die unsrige, eine Reue über die unsrige bewirkte, so müßten wir unsere unschuldigsten

Handlungen bereuen, weil wir wohl einsehen müßten, daß in einer erhabenen Natur solche mit mehr Vollkommenheiten und Würde geführt sein würden, und das würden wir denn auch tun wollen. Wenn ich das Betragen meiner Jugend mit dem Betragen meines Alters vergleiche, so finde ich, daß ich, im ganzen genommen, beide mit der Ordnung, die mir möglich gewesen, geführt habe. Das ist alles, was mein Widerstand vermag. Ich schmeichle mir nicht. Bei gleichen Umständen würde ich immer ebenso verfahren. Es ist keine Schillerei, sondern es ist vielmehr eine volle Farbe, wodurch ich gefärbt bin. Ich kenne keine oberflächliche, mittelmäßige Reue aus bloßer Zeremonie, sie muß mich durchgängig angreifen, bevor ich sie so nenne: sie muß in meinen Eingeweiden wüten und mich ebenso tief betrüben und ebenso durchgängig, als Gott mich durchschaut.

In Rücksicht auf Verhandlungen sind mir verschiedene glückliche Begebenheiten aus den Händen geschlüpft wegen Mangels an glücklicher Führung, und doch waren meine Mittel wohlgewählt, nach den Umständen, die sich dabei ergaben. Es kommt dabei darauf an, daß man immer den leichtesten und sichersten Weg wähle. Ich meine noch, daß ich in meinen vorigen Beratschlagungen nach meiner Regel immer das klügste Verfahren nach der Lage der Sache, wie ich sie fand, beobachtet habe, und würde bei ähnlichen Gelegenheiten noch nach 1000 Jahren es nicht anders machen. Es kommt mir nicht darauf an, wie die Dinge jetzt sind, sondern wie sie waren, als ich einen Entschluß zu fassen genötigt war. Die Gültigkeit des Rats liegt immer in der Zeit: Die Gelegenheiten und der Stoff ändern und wandeln sich ohne Unterlaß. Ich habe in meinem Leben schwere und wichtige Irrtümer begangen; nicht sowohl aus Mangel an guter Einsicht, sondern aus Mangel an Glück. Es gibt bei den Sachen, die man zu behandeln hat, geheime unergründliche Dinge, die ganz besonders in der Natur des Menschen liegen; stumme Bedingnisse, die oft dem Besitzer unbekannt und unerforschlich sind, die sich erst durch zufällige Umstände erzeugen und hervortun. Wenn meine Klugheit solche nicht ergründen und vorher prophezeien konnte, so kann ich ihr das keineswegs zur Last legen. Ihre Schuld liegt in ihrer Beschränktheit. Wenn der Ausgang mir zuwider ist und den Weg begünstigt, den ich nicht einschlagen wollte, so ist weiter nichts mehr dabei zu tun. Und ich kann niemandem die Schuld geben als mir selbst. Die Ursache liegt im Glück und nicht in meinem Werke; das nenne ich keine Reue.

Phokion hatte den Athenern einen gewissen Rat gegeben, den man nicht befolgte. Die Sache ging indessen, wider seine Meinung, einen glücklichen Gang. Darauf sagte jemand zu ihm: Nun Phokion? Bist du zufrieden, daß die Sache so gut geht? Ja, wohl bin ich zufrieden, daß es so gekommen ist; aber doch reut mich mein guter Rat nicht. Wenn meine Freunde sich um einen guten Rat an mich wenden, so gebe ich ihn frei und deutlich, ohne, was fast alle Welt zu tun pflegt, an mich zu halten, wenn etwa bei der Sache etwas gewagt wäre, wodurch ich mir Vorwürfe zuziehen könnte. Daran liegt mir nichts. Denn sie hätten unrecht, weil ich mich meiner Freundschaftspflicht nicht entziehen konnte.

Wegen meiner Fehler und meines Unglücks kann ich selten einem andern die Schuld geben als mir selbst; denn ich ziehe selten jemand anders zu Rate, es sei denn ehrenhalber und aus Höflichkeit; ausgenommen, wenn ich Belehrung über Wissenschaften oder über Tatsachen bedarf. Bei Dingen aber, wo ich nur meine Urteilskraft anzuwenden habe, können fremde Gründe zwar dazu dienen, mich in meinem Sinne zu befestigen, aber selten, mich davon abwendig zu machen. Ich höre sie alle liebreich und bescheiden an; soviel ich mich aber besinne, habe ich mich bis diese Stunde nur auf meine eigenen verlassen. Nach meiner Denkungsart sind es bloß Mücken und Atome, welche meinen Willen lenken. Ich setze wenig auf meine eigene Meinung, aber ebensowenig setze ich auf die Meinungen anderer. Das Glück bezahlt mir meinen Wert. Wenn ich wenig Rat einhole, so gebe ich dessen auch wenig. Ich werden wenig darum angesprochen und noch weniger darin geglaubt, und ich wüßte keine öffentliche oder Privatunternehmung, die nach meinem Rate durchgesetzt oder verändert worden wäre. Selbst diejenigen, welche die Zufälle gewissermaßen davon abhängig machten, haben sich lieber durch andere Köpfe behandeln lassen als durch den meinigen, und weil ich ein Mensch bin, der auf das Recht seiner Ruhe ebenso eifersüchtig ist als auf das Recht seiner höhern Einsichten, ist mir dies auch um so lieber. Indem man mich dabei läßt, macht man es nach meinem Sinne, der darin besteht, für mich selbst mein eigner Mann zu sein, ohne mich irremachen zu lassen. Mein Vergnügen besteht darin, mich mit fremden Dingen nicht zu befassen und solche ihren eigenen Gang gehen zu lassen.

Über alle Dinge, wenn sie einmal ihre Endschaft erreicht haben, falle solche aus, wie sie wolle, bin ich selten mißmutig; denn diese Betrachtung benimmt mir alles Mißvergnügen, daß sie sich dergestalt haben fügen müssen; sie griffen in das große Schwungrad des Laufs der Welt und in die Verkettung der Mittel und Zwecke der Stoiker. Bei allen Wünschen und bei aller Einbildung kann unsere Phantasie darin nicht ein Pünktchen verrücken, ohne daß dadurch die allgemeine Ordnung der Dinge, der Vergangenheit sowohl als der Zukunft, aus den Fugen gerückt werde.

Übrigens kann ich das zufällige Bereuen nicht leiden, welches eine Wirkung des Alters ist. Derjenige, welcher vor alters sagte, er habe es den Jahren zu verdanken, daß ihn die Wollust nicht mehr peinige, hat meinen Beifall nicht. Welch eine Wohltat mir auch das Unvermögen erzeugen würde, Dank würde ich ihm nie wissen.

Nec tam aversa unquam videbitur ab opere suo providentia, ut debilitas inter optima inventa sit.
[Und niemals wird die Vorsehung ihr Geschöpf so sehr vernachlässigen, daß Schwachheit unter dessen Tugenden gehöre.   Quintilianus, Inst. orat.,V, 12]

Große Gelüste sind im Alter selten, eine große Sattheit folgt auf den Genuß. Hierbei sehe ich eben nichts, was das Gewissen anginge. Grämlichkeit und Schwachheit geben uns eine schlaffe und kalte Tugend. Wir müssen uns von den natürlichen Hinfälligkeiten nicht so ganz niederwerfen lassen, daß auch unsere Urteilskraft dadurch gelähmt werde. Jugend und Vergnügen haben ehedem nicht über mich vermocht, daß ich das Laster in der Wollust verkannt hätte, noch vermag auch jetzt die Stumpfheit meiner Begierden, welche ein Werk meines Alters ist, daß ich die Wollust im Laster verkenne. Diesen Augenblick, da ich damit nichts mehr zu tun habe, urteile ich davon, als ob ich mich darin herumdrehte. So lebhaft und aufmerksam ich auch die Wollust beim Kragen fasse, finde ich doch, daß meine Vernunft noch ebendieselbe ist, wie sie in meinem ungebundensten Alter war, nur daß sie vielleicht durchs Altern schwächer und stumpfer geworden. Auch finde ich, daß sie das, was sie mir in Hinsicht auf die Gesundheit meines Körpers versagt, mir ebensowenig als vormals in Hinsicht auf die Gesundheit meiner Seele versagen würde. Aber weil sie sich aus dem Streite zurückzieht, halte ich sie doch nicht für mutiger und tapferer. Meine Versuchungen sind kraftlos und schwächlich, daß sie es nicht wert sind, daß meine Vernunft gegen sie zu Felde ziehe. Um sie zu bannen, brauche ich nur meine Hand auszustrecken. Ich fürchte, wenn man ihr die vorigen starken Begierden entgegenstellte, würde sie weniger Kräfte haben, ihnen zu widerstehen, als ehemals. Ich sehe nicht, daß sie etwas mit mehr Kraft noch mit mehr Klarheit beurteile als damals, als sie noch gar nicht urteilte; daher meine ich, wenn ja eine Gesundheitsverbesserung eingetreten ist, so sei sie sehr erbarmungswürdig. Es ist eine jämmerliche Art von Hilfe, seine Gesundheit der Krankheit zu verdanken. Unser Elend sollte eigentlich diesen Dienst nicht leisten, sondern das Glück unseres reiferen Verstandes. Durch Kummer und Leiden bringt man mich zu nichts, als daß ich sie vermaledeie. Dadurch wirkt man nur auf Leute, die sich bloß durch Peitschenschläge erwecken lassen. Meine Vernunft geht einen viel freiern Gang, wenn mir's wohl geht. Sie ist weit mehr zerstreut und behelligt, wenn sie übel verdauen soll, als beim Genuß der Vergnügungen. Bei heiterm Wetter sehe ich um vieles heller. Die Gesundheit berät mich weit froher und nützlicher als die

Krankheit. Ich habe mich der Regelmäßigkeit und Besserung soviel als möglich beflissen zu der Zeit, da ich noch jedes Genusses fähig war. Neid und Scham würde es mir verursachen, wenn sich das Unglück und das Elend meines Alters den Vorzug vor meinen grünen Jahren anmaßen sollten, wo ich noch jung, munter und stark war, und man mich würdigen sollte nicht nach der Zeit, wo ich war, sondern wo ich aufhörte zu sein.

Nach meiner Meinung ist es das glückliche Leben und nicht, wie Antisthenes sagte, das glückliche Sterben, worin die menschliche Glückseligkeit beruht. Ich habe nicht gewartet, auf eine ungeheure Art den Schweif eines Philosophen an den Kopf eines ausschweifenden Menschen zu binden, noch dieses elende Stümpfchen dem schönsten, besten und längsten Teile meines Lebens hohnsprechen lassen.

Ich will mich durchgängig gleichgesinnt und gleichgestaltet darstellen und sehen lassen. Wenn ich mein Leben noch einmal beginnen sollte, so würde ich ebenso leben, wie ich gelebt habe. Ich bedaure die Vergangenheit nicht, und ebensowenig fürchte ich die Zukunft; und wenn ich mich nicht ganz betrüge, so ist es ungefähr im Innern zugegangen wie im Äußern. Eine der vorzüglichsten Verbindlichkeiten, die ich meinem Glücke schuldig bin, ist, daß der Lauf meines Lebens immer mit meinem Alter gleichen Schritt hielt. Ich habe sein hervorkeimendes Kraut gesehen, seine Blüten und seine Früchte, und ich sehe nun sein Verwelken um so glücklicher, weil es natürlich ist. Ich ertrage die Übel, welche ich fühle, um so sanfter, weil sie zu rechter Zeit eintreten und weil sie mich auch um so froher an die lange Glückseligkeit meines vergangenen Lebens denken lassen. Ebenso kann auch meine Weisheit wohl von ebendem Wuchse sein, zu einer und der andern Zeit; aber sie war wirksamer, schlanker, kräftiger, munterer, unbefangener als jetzt, da sie keuchend, grämlich und schwerfällig ist. Ich entsage also den zufälligen und peinlichen Reformationen. Gott muß uns das Herz rühren; das Gewissen muß von selbst uns zur Besserung leiten, durch Stärkung unserer Vernunft und nicht durch Schmähung unserer Begierden.

Die Wollust ist deswegen an sich weder blaß noch abgeblüht, weil sie triefende und benebelte Augen wahrnehmen. Man muß die Mäßigkeit wegen ihrer selbst lieben, und wegen der Verehrung Gottes, der uns solche vorgeschrieben hat, wie die Keuschheit; die, welche uns der Katheter vorschreibt und welche ich meinen Steinschmerzen zu verdanken habe, ist weder Keuschheit noch Enthaltsamkeit. Man rühme sich nicht, die Wollust zu verachten oder zu bekämpfen, wenn man sie nicht in der Nähe sieht, ihre Lockungen, ihre Gewalt und ihre reizenden Schönheiten nicht kennt. Ich kenne beides, das darf ich wohl sagen; aber mich deucht, im Alter sind unsere Seelen andern Krankheiten und lästigeren Unvollkommenheiten unterworfen als in der Jugend. Das sagte ich bereits, als ich noch jung war, als man noch meine Haare auf dem Kinne mit einem Lichte suchte, ich sage es noch zu dieser Stunde, da mein grauer Bart mich zum weisen Manne macht. Wir nennen die Grämlichkeit unserer Launen und den Ekel an gegenwärtigen Dingen Weisheit; im Grunde aber entsagen wir nicht sowohl den Lastern, als wechseln vielmehr damit, und nach meiner Meinung immer zu schlimmerm Übergange. Außer einer dummen ärmlichen Ruhmredigkeit, einer langweiligen Geschwätzigkeit, einer ungeselligen, unduldsamen Grämlichkeit, einer albernen Abergläubigkeit und einem lächerlichen Streben nach Reichtum, wenn wir ihn nicht mehr nutzen können, finde ich auch noch im Alter mehr Neid, Ungerechtigkeit und Schadenfreude. Das Alter zieht noch mehr Runzeln auf unsern Verstand als auf unsere Stirne, und findet man wenige Seelen, und sehr selten, welchen man bei hohem Alter nicht das Sauer- und Kantigwerden anmerkte. Der Mensch geht mit gleichem Schritte auf sein Wachstum zu, wie auf sein Abnehmen. Wenn man die Weisheit des Sokrates beleuchtet und verschiedene Umstände bei seiner Verurteilung in Betracht zieht, so möchte ich fast glauben, daß letztere ihm gewissermaßen willkommen war und er sich mit Fleiß nicht nachdrücklicher verteidigte; er hatte schon beinahe an siebzig Jahre die Last eines glanzvollen Lebens auf seinen Schultern getragen und die blendenden Strahlen seines gewöhnlichen Lichtes unterhalten. Was für Verwandlung sehe ich hierin bei vielen von meinen Bekannten täglich vorfallen? Es ist eine schwere Krankheit, die uns ganz natürlicherweise und ganz unbemerkt beschleicht. Es gehört ein großer Vorrat von Studium dazu, und eine außerordentliche Vorsicht, um den Unvollkommenheiten auszuweichen, womit uns das Alter heimsucht, oder wenigstens ihren Fortschritt zu hemmen. Ich fühle, daß, sosehr ich mich auch verpallisadieren mag, es mir doch immer näher auf den Leib rückt. Ich halte mich, so gut ich kann; dennoch weiß ich nicht, wohin es mich am Ende noch führen wird. Auf alle Fälle bin ich zufrieden, wenn man nur weiß, wie hoch oder niedrig mein Fall war.

ÜBER DIE UNBESTÄNDIGKEIT
DER MENSCHLICHEN HANDLUNGEN

Diejenigen, welche sich damit beschäftigen, die Handlungen der Menschen zu beurteilen, finden sich niemals in größerer Verlegenheit, als wenn sie solche unter einerlei Farbe und unter ein Fach bringen wollen; denn sie sind sich gewöhnlich so ungleich, daß es unmöglich scheint, sie könnten in eine und dieselbe Niederlage gehören. Der junge Marius zeigt sich bald als ein Sohn des Mars, bald als ein Sohn der Venus. Der Papst Bonifazius VIII., sagt man, betrat den heiligen Stuhl als ein Fuchs, betrug sich auf demselben wie ein Löwe und starb als ein Hund. Und wer sollte es glauben, es wäre Nero, dieses Urbild der Grausamkeit, welcher, als man ihm nach dem Herkommen, das Todesurteil eines Verbrechers zur Unterschrift vorlegte, antwortete: Wollten die Götter, ich hätte nie schreiben gelernt! Und daß sein Herz darüber so beklemmt gewesen wäre, einen Menschen zum Tode zu verdammen? Aber die Beispiele sind so häufig und liegen einem jeden in solcher Anzahl zur Hand, daß ich leicht begreife, wie gescheite Menschen Mühe haben können, diese Stücke in gehörige Ordnung zu legen; da die Unentschlossenheit, mir wenigstens, der gewöhnlichste und auffallendste Fehler unserer Natur zu sein scheint; nach dem berühmten Vers des Publius des Komikers.

Malum consilium est, quo mutari non potest.
[Der Ratschluß taugt nicht viel, der nicht zu ändern steht.
                                                        A. Gellius, XVII, 14]

Es hat einigen Schein, daß man einen Menschen nach seiner gewöhnlichen Handlungsweise beurteilen könne. Mir aber ist es, in Rücksicht auf die natürliche Veränderlichkeit unsrer Sitten und Meinungen, so vorgekommen, als ob oft selbst unsre guten Schriftsteller unrecht hätten, aus uns ein so durchaus haltbares Gewebe zu bilden. Sie stellen ein allgemeines Muster aus; und nach diesem Vorbilde verflechten und erklären sie alle Handlungen und Taten eines Menschen, und wenn sie solche nicht füglich in Zettel und Aufschlag bringen können, so werfen sie solche in den Wirrkasten der Verstellung. Augustus ist ihnen entschlüpft; denn in diesem Kaiser findet sich eine so sichtbare, schnelle und unablässige Veränderung der Verfahrungsart durch sein ganzes Leben hin, daß die kühnsten Beurteiler es nicht gewagt haben, eine bestimmte Meinung über ihn zu sagen. Ich, meinerseits, glaube von dem Menschen in allem, was ihn angeht, nichts so schwer als die Beständigkeit und nichts so leicht als den Wankelmut. Wer ihm genau auf der Spur folgte und jeden Schritt einzeln beurteilte, würde am häufigsten die Wahrheit sagen. Im ganzen Altertume ist es schwer, ein Dutzend Menschen auszuwählen, die ihr Leben nach einem sichern, festen Gang eingerichtet hätten, welches das Hauptziel der Weisheit ist; denn, um es in einem Worte zu fassen, sagt ein Alter, und um in *einer* alle Regeln unseres Lebens aufzustellen, so heißt sie: Immer einerlei wollen und einerlei nicht wollen. Ich acht' es nicht der Mühe wert, hinzuzusetzen: der Wille müsse gerecht sein; denn, ist er das nicht, so kann er unmöglich durchaus beständig sein. Wirklich habe ich ehedem gelernt, daß das Laster eigentlich nichts anderes ist, als Unordnung und Mangel an richtigem Maße: und folglich ist es unmöglich, es mit Beständigkeit zu verknüpfen. Es ist, wie man sagt, ein Gedanke des Demosthenes: der Anfang aller Tugend sei Überlegung und Nachdenken; ihr Ziel und ihre Vollkommenheit aber sei Beharrlichkeit. Wenn wir mit reifer Überlegung einen gewissen Weg wählten, so würden wir ihn, als den besten, nie aus den Augen lassen. Aber, wer denkt darauf:

Quod petiit, spernit, repetit quod nuper omisit
Aestuat, et vitae disconvenit ordine toto.
[Was er begehrte, dünkt ihn schlecht; was er verworfen, sucht er wieder auf; unsteten Sinnes ist ihm des Lebens Ordnung nie zu Danke.   Horaz, Epist. I, 1, 98]

Unsre gewöhnliche Weise ist, wir folgen den Neigungen unsrer Begierden; links, rechts; bergauf, bergunter, wie der Wind der Gelegenheit eben bläst. Wir bedenken nicht, was wir wollen, als in dem Augenblicke, da der Wille entschieden hat; und wir sind ebenso wandelbar als das Tier, das die Farbe des Orts annimmt, wohin man es bringt. Was wir uns diesen Augenblick vorgesetzt haben, das lassen wir bald darauf in Vergessenheit fallen; und wieder bald darauf nehmen wir unsern Vorsatz wieder vor, und tun nichts als wanken und wackeln.

Ducimur ut nervis alienis mobile lignum.
[Wie Drechslerpuppen werden wir an Fäden hin und her gezogen.   Horaz, Sat. II, 7, 82]

Wir gehen nicht, man schiebt uns fort, wie Sachen, welche schwimmen, jetzt schnell, jetzt langsam, nachdem das Wasser heftig fließet oder ruhig.

Nonne videmus
Quid sibi quisque velit nescire, et quaerere semper
Commutare locum, quasi onus deponere possit.
[Sehn wir nicht, daß der Mensch sein Wollen selbst nicht
kennt, nur stets den Ort zu ändern sucht, um irgendwo
sich seiner Bürde zu entladen.   Lukrez III, 1070.]

Jeden Tag neue Einfälle, und unsre Launen bewegen sich
an den Flügeln der Zeit.

Tales sunt hominum mentes, quali pater ipsi
Jupiter auctiferas lustravit lumine terras.
[So sind der Menschen Gedanken! Im Wechsel gleich dem
Tageslicht, das Jupiter der Welt zu leuchten gab.
                    Cicero, poet., bei Augustin, civ. Dei 5, 8,
              als freie Übersetzung von Homer, Od. 18, 235]

Wir schwanken zwischen verschiedenen Meinungen, nichts
wollen wir aus freien Stücken, nichts mit festem Sinne,
nichts mit Beharrlichkeit. An dem Manne, der sich feste
Gesetze vorgeschrieben und eine feste Ordnung in seinen
Kopf eingeführt hätte, an dem würden wir sein ganzes Leben hindurch eine durchgängige Gleichheit in Sitten, einen
festen Gang und eine unfehlbare Entschlossenheit, von
einem Dinge zum andern, hervorleuchten sehen. Empedo-
kles bemerkte an den Agrigentern die Unförmlichkeit, daß
sie sich dem Wohlleben so überließen, als ob sie des folgenden Tages sterben sollten, und daß sie bauten, als ob sie
sicher wären, nie zu sterben. Der Schluß daraus wäre leicht
zu machen; wie man an Cato dem Jüngern sieht. Wer eine
Stufe berührt, hat alles berührt: Es ist die Harmonie der

Klänge eines richtig gestimmten Akkords, die in sich unzerstörbar ist. Bei uns hingegen, so manche Handlung, so manches besondere Urteil ist erforderlich. Das beste, nach meiner Meinung, wäre, man führte sie auf die zunächst gelegenen Umstände zurück, ohne sich in weitläufige Untersuchungen einzulassen und ohne sonstige Folgen daraus zu ziehen.

Während der wüsten Zerrüttungen in unserm armen Staate erzählte man mir, ein Mädchen, nicht weit von dem Orte, wo ich mich aufhielt, habe sich aus einem hohen Fenster gestürzt, um sich der Gewalttätigkeit eines Rammbocks von Soldaten zu entziehen, der in ihrem Hause einquartiert war. Der Sturz hatte sie nicht getötet, und sie hatte, um ihr Vorhaben durchzusetzen, sich mit einem Messer die Kehle aufschneiden wollen; man hatte sie aber daran verhindert; gleichwohl erst, nachdem sie sich eine Wunde darin beigebracht hatte. Sie selbst gestand: der Soldat habe es noch nicht weiter getrieben, als bis zu Anträgen, Überredungen und Geschenken; sie habe aber gefürchtet, er möchte endlich zur Gewalt schreiten, und darüber dienten die Worte, die Gebärden und dieses Blut als Zeugen ihrer Tugend, nach der wahren Sitte und Weise einer anderen Lucretia. Bei alledem habe ich dann noch in Erfahrung gebracht, daß sie, weder vorher noch nachher, eine Magd von so unüberwindlicher Keuschheit gewesen. Wie das Märchen sagt: Sei so schön und ehrlich du willst, so schließe nur nicht gleich, wenn dir dein Mädchen einmal widerstanden hat, es sei von unverbrüchlicher Keuschheit. Damit ist's noch nicht ausgemacht, daß nicht einst bei ihr die Schäferstunde für den Eseltreiber schlagen sollte.

Antigonus hatte einen Soldaten wegen seiner Tugend und

Tapferkeit sehr liebgewonnen und befahl seinen Ärzten, diesen Soldaten von einer langwierigen innerlichen Krankheit zu heilen, die ihn lange gequält hatte; und als er nun wahrnahm, daß er nach seiner Genesung mit weit mehr Kälte ans Fechten ging, so fragte er ihn, was ihn so verändert und so feig gemacht hätte? Du selbst, mein König, versetzte der Mann; weil du mir die Krankheit hast heilen lassen, derentwegen ich mein Leben für nichts achtete. Der Soldat des Lucullus, der vom Feinde ausgeplündert worden, führte gegen diese Feinde, aus Rachsucht, ein wichtiges Unternehmen aus. Als er seinen Verlust ersetzt hatte und wieder in der Wolle war, suchte Lucullus, der eine gute Meinung von ihm geschöpft hatte, ihn auf, um ein ziemliches Wagestück auszuführen, und wollte ihn dazu mit allen den schönsten Vorstellungen überreden, deren er sich erinnern konnte.

Verbis quae timido quoque possent addere mentem.
[Worte, die auch den Feigen Herz einsprechen können.

Horaz, Epist. II, 2, 36]

Nimm dazu, antwortete er, einen armen Schlucker von Soldaten, der eben ausgeplündert ist.

Quantumvis rusticus, ibit,
Ibit eo quo vis, qui zonam perdidit, inquit.
[Schick einen rohen Bauernkerl, der geht; auch der wird gehen, dem sie den Tornister genommen.

Horaz, Epist. II, 2, 36]

Und schlug es rund ab, hinzugehen. Wenn wir lesen, daß, als Mahomet seinem Janitscharen Aga Hassan, darüber sehr kränkende Vorwürfe machte, daß seine Leute von den Ungarn übern Haufen geworfen wurden und daß er sich selbst in der Schlacht mutlos bezeige, Hassan statt aller Antwort, mit den Waffen in der Faust, so wie er da war, ganz allein, sich wütend in den ersten besten Haufen der Feinde stürzte, worin er gar bald umkam: so ist das vielleicht nicht sowohl eine Rechtfertigung als neue Besinnung, nicht sowohl eine natürliche Herzhaftigkeit als ein neuer Unwille. Haltet es nicht für sonderbar, wenn ihr den, der gestern so tapfer schien, heute so feigherzig handeln sehet. Es hatte ihm entweder der Zorn oder der Wein oder die Not oder die Gesellschaft oder der Klang einer Trompete das Herz in den Leib gejagt. Es ist kein Herz, das durch Überlegung in dieser Fassung ist. Die Umstände haben es ihm eingegeben; was für Wunder ist dabei, daß es durch andre und entgegenstehende Umstände ganz anders geworden ist? Diese Veränderungen und Widersprüche, die sich in uns wahrnehmen lassen und die so natürlich zugehen, sind Ursache, daß einige träumen, wir hätten zwei Seelen; andre, wir würden von zwei Grundprinzipien regiert, welche uns begleiten und wovon uns jedes nach seiner Absicht bewegt; zum Guten das eine und zum Bösen das andre; weil eine so unvorbereitete Verschiedenheit sich nicht wohl mit einem einfachen Gange eines Gegenstandes reimen ließe.

Nicht bloß der Wind der Zufälle bewegt mich nach seiner Richtung, sondern ich bewege mich noch obendrein und krümme und winde mich noch selbst, nach der Unsicherheit meiner Lage. Und wer nur genau im Anfange darauf merkt, wird sich schwerlich zweimal in völlig einerlei Lage befinden. Ich gebe meiner Seele bald dieses Gesicht, bald ein andres, je nachdem die Seite beschaffen ist, wohin ich sie kehre. Spreche ich auf verschiedene Weise von mir, so geschieht es, weil ich mich auf verschiedene Weise betrachte. Es finden sich hierbei alle Widersprüche; je nachdem die Wendung ist, je nachdem die Umstände sind. Schamhaft, großprahlerisch, enthaltsam, geil, geschwätzig, einsilbig, tätig, weichlich, sinnreich, dumm, närrisch, freundlich, lügenhaft, streng, wahr, gelehrt, unwissend, umgänglich und geizig und verschwenderisch: alles das nehme ich in mir selbst wahr, nachdem ich mich aufs Korn nehme. Und ein jeder, der sich sorgfältig genug erforscht, wird sich, selbst nach seinem eigenen Urteile, diese Unbeständigkeit und Mißhelligkeit schuld geben müssen. Von mir selbst habe ich nichts Ganzes aus einem Stücke, nichts Einfaches, nichts Festes ohne Verwirrung und ohne Beimischung anzuführen, nichts, was ich in ein Wort fassen könnte. Distinguo ist das allgemeine Glied meiner Logik.

Sosehr ich auch immer dafür halte, vom Guten Gutes zu sagen und die Dinge, die es nur irgend erlauben, zum besten auszulegen: so kann ich doch nicht in Abrede stellen, daß wir durch eine sonderbare Gemütsfassung oft dahin gebracht werden, daß wir aus lasterhaften Absichten das Gute tun, wenn Gutestun nicht bloß nach der Absicht beurteilt werden müßte. Warum eine herzhafte Tat nicht von einem Menschen beweist, er sei tapfer? Der Mann, der es wirklich ist, wird es immer, allenthalben und bei jeder Gelegenheit sein. Ist es eine ihm beiwohnende Tugend und nicht eine bloße Anwandlung, so wird sie ihn bei jedem Zufalle entschlossen zeigen, er befinde sich allein oder in

Gesellschaft, im Zweikampfe oder in einer Feldschlacht. Denn, man mag sagen was man will, es gibt keine andre Tapferkeit fürs Duell und eine andre fürs Gefecht in Reih und Glied. Er wird ebenso herzhaft eine Krankheit in seinem Bette aushalten als eine Wunde im Felde und den Tod ebensowenig in seinem Hause fürchten als im Sturm einer Festung. Wenn *eine* herzhafte Tat den Helden macht, so würden wir keinen Menschen mit entschlossenem Mute in eine Bresche klimmen sehen, der sich nachher beim Verluste eines Prozesses oder eines seiner Kinder wie ein Weib übel gebärdete. Ist er furchtsam gegen Schande, aber standhaft gegen Armut, ist er weichlich unterm Rasiermesser seines Bartstutzers, aber gestählt gegen die Schwerter der Feinde: so ist die Handlung zwar lobenswürdig, aber nicht der Mann. Viele Griechen, sagt Cicero, können keinem Feinde in die Augen sehen, die man standhaft in ihren Krankheiten findet. Bei den Cimbern und Kelten findet man gerade das Gegenteil.

Nihil enim potest esse aequabile, quod non a certa ratione proficiscatur.
[Nichts ist sich durchaus gleich, was nicht reifer Überlegung Frucht ist.   Cicero, Tusc. quaest. II, 27]

Es gibt keine in ihrer Art weiter getriebene Tapferkeit als diejenige, welche uns von Alexander bekannt ist: aber sie ist es auch nur teilweise, nicht allgemein, nicht sich durchgängig gleich. So unvergleichlich sie ist, so hat sie doch auch ihre Makel. Daher kommt's, daß wir ihn beim geringsten Argwohn, die Seinigen möchten etwas gegen sein Leben vorhaben, in so tiefe Bestürzung geraten sehen, daß er sich in dieser Untersuchung mit einer solchen Heftigkeit und unbesonnenen Ungerechtigkeit benimmt und mit einer Ängstlichkeit, die seine natürliche Vernunft betäubt. Daher auch der Aberglaube, der ihm so stark anklebte, nicht ohne Zeichen von Kleinmut ist. Und das Übermaß der Reue über den Mord des Clytus ist gleichfalls ein Beweis von der Ungleichheit seines Gemüts. Unser Tun ist Flickwerk; wir wollen uns Ehre erkaufen mit falscher Münze.

Die Tugend will keine andren Verehrer haben als ihrer selbst wegen; und wenn man auch einmal ihre Maske zu einer andern Absicht borgte, so reißt sie uns solche alsbald vom Gesicht. Das ist eine starke, lebhafte Farbe, wovon die Seele einmal durchdrungen ist, und eher vergeht der Stoff, als die Farbe ausbleicht, daher muß man, um einen Menschen zu beurteilen, seiner Spur lange und aufmerksam nachfolgen, wenn die Beständigkeit bei ihm sich nicht auf ihrem eigenen Grunde erhält.

Cui vivendi via considerata atque provisa est.
[Dessen Lebensweg mit überlegtem Mut gewählt ist.

Cicero, Parodox. V, 1.]

Wenn die Verschiedenheit der Umstände ihn den Schritt ändern läßt (Weg, will ich eigentlich sagen: denn der Schritt kann sich dadurch eilen oder weilen), so läßt ihn laufen. Der Mensch geht vorm Winde, wie die Devise unseres Zollboots sagt.

Es ist kein Wunder, sagt einer der Alten, daß der Zufall soviel über uns vermag, da wir bloß durch Zufall leben. Wer nicht in Bausch und Bogen sein Leben zu einem gewissen Zweck eingerichtet hat, dem ist es unmöglich, seinen einzelnen Handlungen eine einhellige Richtung zu geben. Es ist demjenigen unmöglich, den einzelnen Teilen einen bestimmten Platz anzuweisen, der keine Form fürs Ganze im Kopfe hat. Wozu will der eine Sammlung von Farben anschaffen, der nicht weiß, was er malen will? Niemand macht einen festen Entwurf für sein Leben, und nur teilweise nehmen wir es unter unsre Überlegung. Der Bogenschütze muß doch erst wissen, wohin er zielen soll, und dann erst seine Hand, den Bogen, Sehne, Pfeil und Schneller danach einrichten. Unsre Anschläge sind nichtig, weil sie kein fest bezeichnetes Ziel haben. Wer nach keinem bestimmten Hafen steuert, dem ist *kein* Wind günstig.

Ich hätte nicht in das Urteil gestimmt, welches man für den Sophokles gegen die Anklage seines Sohnes schöpfte. Die Richter erklärten ihn nämlich für tüchtig, seinem Hauswesen vorzustehen, weil sie eines von seinen Trauerspielen gesehen hatten. Auch finde ich die Voraussetzung der Parier, die man hingesandt hatte, die Milesier zu reformieren, für die Folgerung, die sie daraus zogen, für unzureichend. Als sie die Visitation der Insel vornahmen, merkten sie sich die am besten bestellten Äcker und die am ordentlichsten eingerichteten Landhäuser, und nachdem sie die Eigentümer derselben zu Register gebracht und darauf die Bürger in der Stadt versammelt hatten, ernannten sie jene Eigentümer zu den ersten Vorsteher- und Magistratsstellen; in der Meinung, weil sie achtsam auf ihre häuslichen Angelegenheiten wären, so würden sie es auch auf die öffentlichen sein. Wir alle sind Flausen, und zwar von so verschiedenen und so unebenem Gewebe, daß jedes

Stück, ja jede Daumenbreite anders ausfällt. Und es befindet sich ebensoviel Verschiedenheit zwischen uns und uns selbst als zwischen uns und andern.

Magnam rem puta, unum hominem agere.
[Glaub mir, es ist nichts geringes, als Mensch sich immer gleich zu handeln. Seneca, Epist. 120.]

Weil der Ehrgeiz die Menschen Tapferkeit, Mäßigkeit, Freigebigkeit, ja selbst Gerechtigkeit lehren kann; weil Gier nach Reichtum in das Herz eines Krämers, der in Gemächlichkeit und Müßiggang aufgewachsen ist, die Zuversicht pflanzen kann, sich so weit von seinem mütterlichen Herde zu entfernen und sich in einem zerbrechlichen Schiffe der Gewalt der Winde und Wellen anzuvertrauen, und ihn noch dazu Klugheit und Vorsichtigkeit lehrt, und weil Venus selbst der Jugend, »die noch unter der Zucht der Rute steht«, Dreistigkeit und Entschlossenheit einflößt und das zarte Herzchen der Jüngferchen im Schoße ihrer Mütter keck und kühn macht,

Hac duce custodes furtim transgressa jacentes,
Ad juvenem tenebris sola puella venit
[Von dieser Führerin geleitet, schleicht das Mägdelein durch ihrer Hüterinnen schlafende Schar, in dunkler Finsternis, bis hin zu ihrem Geliebten. Tibull, II, 1, 75]

so ist es kein Werk eines richtigen Verstandes, uns so bloßhin nach unsern äußern Handlungen zu richten: Man muß bis ins Innere nachforschen, um zu sehen, was da für verborgene Triebfedern wirken. Aber eben deswegen, weil es

ein mißliches und wichtiges Unternehmen ist, so wünschte ich, daß weniger Menschen sich damit befassen möchten.

VON DER UNGLEICHHEIT,
DIE ZWISCHEN UNS IST

Plutarch sagt an einem gewissen Orte, er fände unter den
Tieren keinen so großen Unterschied als unter den Menschen. Er redet von der Fähigkeit der Seelen und von den
innerlichen Eigenschaften. Und in Wahrheit, ich finde den
Epaminondas, so wie ich mir denselben vorstelle, über manchen, den ich kenne und der doch ebenfalls eine Vernunft
hat, so weit weg, daß ich bald noch weiter als Plutarch
gehen und sagen möchte, es sei ein größerer Unterschied
zwischen einem und dem andern Menschen, als zwischen
einem Menschen und einem Tiere ist.

Hem vir viro quid praestat.
[Wie weit übertrifft ein Mann den andern. Terent.
                                    Eunuch. c. 2. v. 1.]

Es gibt ebenso viele und ebenso unzählige Grade des Verstandes, als von hier Klaftern bis zum Himmel sind. Es ist
etwas wundersames (daß ich dieses beiläufig erwähne, da
wir eben von dem Werte der Menschen reden), daß außer
uns alle andere Dinge nur ihrer eigentümlichen Eigenschaften wegen hochgeschätzet werden. Wir loben ein Pferd, weil
es munter und wohl abgerichtet ist,

– – – Volucrem.
Sic laudamus equum, facili cui plurima palma
Feruet, et exultat rauco victoria Circo,

[Man lobt ein flüchtiges Pferd, welches in der Rennbahn öfters den Preis davongetragen.   Juvenal, Sat. 57. 58.]

nicht aber wegen seines Geschirres. Man rühmt einen Windhund wegen seiner Geschwindigkeit, nicht aber wegen seines Halsbandes: einen Falken wegen seines Fluges, nicht aber wegen der Haube und wegen der Schellen. Warum schätzen wir denn nicht ebenfalls einen Menschen wegen seiner eigenen Gaben? Der oder jener führt einen großen Staat, er hat einen schönen Palast, großes Ansehen, so viele Einkünfte: Alles dieses ist außer ihm, aber nicht in ihm. Der Mensch ist für sich selbst, nicht wegen der außer ihm befindlichen Dinge schätzbar. Man kauft keine Katze im Sack. Wer um ein Pferd handelt,* nimmt demselben sein Geschirr ab; damit er es bloß und unbedeckt sieht: oder, wenn es ja bedeckt ist, wie man sie vor alten Zeiten den Fürsten zum Kaufe vorgeführet; so sind doch nur diejenigen Teile bedeckt, an denen so gar viel nicht gelegen ist, damit man sich nicht von der Schönheit seiner Haare oder der Breite seines Kreuzes blenden, sondern vornehmlich auf die Schenkel, die Augen und Füße sieht, welches die nützlichsten Glieder sind.

Regibus hic mos est, ubi equos mercantur, opertos
Inspiciunt, ne sic facies, ut saepe, decora
Molli fulta pede est, emptorem inducat hiantem,
Quod pulchrae clunes, breve quod caput, ardua cervix.
[Wenn die Fürsten Pferde kaufen wollen, so besehen sie dieselben bedeckt, damit sie sich, wenn das Pferd etwa einen weichen Huf oder einen schönen Kopf hätte, wie es sich

* Equum emturus, solui iubes stratum: detrahis vestimenta venalibus, ne qua vitia corporis lateant. Sen. Ep. 80.

öfters zuträgt, nicht betrügen lassen und nur auf ein schönes Kreuz, auf einen kleinen Kopf und einen dünnen und langen Hals sehen.   Horaz, L. I. Sat. II. v. 86. u. f.]

Warum schätzet man denn einen Menschen, den man schätzen will, wenn er eingehüllt und eingewickelt ist?* Er zeigt uns nur solche Stücke, welche ganz und gar nicht sein sind, und verbirgt uns diejenigen, aus welchen man allein von seinem wahren Werte urteilen kann. Man sieht auf den Wert des Degens und nicht auf den Wert der Scheide und gibt vielleicht keinen Heller dafür, wenn man ihn aus der Scheide gezogen hat. Man muß also einen Menschen nicht nach seinen äußerlichen Umständen, sondern nach seiner eigentlichen Beschaffenheit urteilen. Ein alter Schriftsteller sagt sehr artig: Weißt du, warum du manchen groß achtest?** Du rechnest seine hohen Schuhe mit. Das Postament gehört nicht zur Bildsäule. Man messe den Menschen ohne seine Stelzen.*** Er muß seine Reichtümer und Ehrenstellen ablegen und sich im Hemde darstellen. Hat er einen zu seinen Verrichtungen geschickten, gesunden und muntern Körper? Was hat er für eine Seele? Ist sie schön, geschickt und mit allen nötigen Fähigkeiten wohl versehen? Besitzt sie eignen oder fremden Reichtum? Hat das

* Equum emturus solui iubes stratum: hominem involutum aestimas. *Sen. Ep. 80.*
** Quare magnus videtur? cum basi illum sua metiris. Eb. das. *Ep. 76.*
*** Hier hat Montaigne den Seneca übersetzt oder umgeschrieben. Atqui cum voles veram hominis aestimationem iniri, et scire qualis sit, nudum inspice. Ponat patrimonia, ponat honores, et alia fortunae mendacia; corpus ipsum exuat: animum intuere, qualis quantusque sit, alieno an suo magnus. Si erectis oculis gladios micantes videt, et si scit sua nihil interesse, utrum anima per os, an per iugulum exuat, beatum voca.

98

Glück keinen Teil daran? Kann sie mit unverwandtem Auge gezückte Degen sehen? Ist es ihr eines, ob ihr das Leben zum Munde oder zum Halse herausfähret? Ist sie genügsam still und vergnügt? Hierauf muß man sehen, und hieraus muß man den großen Unterschied, welcher zwischen uns ist, beurteilen.

– – Sapiens, sibique imperiosus:
Quem neque pauperies, neque mors, neque vincula terrent

Responsare cupidinibus, contemnere honores
Fortis, et in se ipso totus teres atque rotundus:
Externi ne quid valeat per laeve morari,
In quem manca ruit semper fortuna?
[Ist er weise und Herr über sich selbst, so daß ihn weder Armut noch Banden, noch Tod erschrecken? Kann er beherzt seine Leidenschaften überwinden und die Ehrenstellen verachten? Verschließt er sich in sich selbst, so daß ihn kein Zufall hindern und das Glück nichts anhaben kann? Horaz, L. II. Sat. 7. v. 83.]

Ein solcher Mensch ist hundert Meilen weit über alle Königreiche und Herzogtümer erhaben. Er ist sich selbst sein Königreich.

Sapiens pol ipse fingit fortunam sibi.
[Der Weise macht sich selbst sein Glück.
Plaut. in Trinummo. Act. II. Sc. 2. v. 84.]

Was kann er sich weiter wünschen?

– – – Nonne videmus
Nil aliud sibi naturam latrare, nisi ut quoi
Corpore seiunctus dolor absit, mente fruatur,
Iucundo sensu, cura semotus metuque?
[Sehen wir nicht, daß die Natur nichts anderes verlangt, als
daß der Körper von Schmerzen befreit und daß das Gemüt
furcht- und sorgenlos vergnügt sein soll.

Lucrez, L. II. v. 16. u. f.]

Man vergleiche einmal mit diesem den gemeinen Haufen
der Menschen, der so dumm, niederträchtig, knechtisch,
und unbeständig ist, der beständig von verschiedenen Leidenschaften bestürmt, bald vor-, bald rückwärts gestoßen
wird, und nie seiner selbst mächtig ist. Was für ein himmel-
weiter Unterschied ist zwischen beiden? Dennoch sind wir
einmal durch die Gewohnheit so verblendet, daß wir wenig
oder gar nichts daraus machen. Wenn wir einen Bauer und
einen König, einen Edelmann und einen gemeinen Mann,
eine obrigkeitliche und eine Privatperson, einen Armen und
einen Reichen gegeneinander betrachten, so nehmen wir
gleich einen gewaltigen Unterschied wahr, da sie sich doch,
so zu reden, nur durch die Hosen unterscheiden.

In Thracien unterschied sich der König von seinem Volke auf eine wunderliche und sehr ausnehmende Art. Er hatte
eine besondere Religion und einen besondern Gott, welchen seine Untertanen nicht anbeten durften und welches
Merkur war, und verachtete für seine Person die ihrigen,
den Mars, den Bacchus und die Diane.* Allein alles die-

---

* Herodot sagt zwar *L. V. p. 331.* daß die Thracischen Könige den Merkur vor allen andern Göttern anbeteten, daß sie nur bei ihm alleine schwü-
ren und ihr Geschlechte von ihm herleiteten. Allein er sagt nicht, daß sie

ses ist nur ein Firnis, und macht keinen wesentlichen Unterschied. Die Komödianten, welche auf dem Schauplatze einen Herzog oder Kaiser vorstellen, werden bald darauf wieder armselige Bediente und Lastträger, welches ihr wahrer und ursprünglicher Stand ist. Ebenso müssen wir auch einen Kaiser, dessen Pracht uns, wenn er sich öffentlich zeigt, die Augen blendet,

Scilicet et grandes viridi cum laude smaragdi.
Auro includuntur, teriturque Thalassina vestis
Assidue et Veneris sudorem exercita potat.
[Weil er große und schöne in Gold gefaßte Smaragden am Finger führt, und reiche Kleider trägt, die er bei den geilsten Handlungen abnützet.   Lucrez, L. IV. v. 1119. seqq.]

hinter dem Vorhange betrachten; so werden wir nichts als einen gemeinen Menschen, und der vielleicht noch viel schlechter als der geringste seiner Untertanen ist, an ihm finden.

Ille beatus introrsum est: istius bracteata felicitas est.
[Der eine ist innerlich glücklich, des andern Glückseligkeit bestehet nur in dem äußerlichen Scheine.
                                        Seneca, Ep. 115.]

Die Zaghaftigkeit, der Ehrgeiz, der Verdruß und der Neid beunruhigen ihn ebenso wie einen andern.

den Mars, den Bacchus und die Diane, die einzigen Götter ihrer Untertanen, verachteten.

Non enim gazae, neque consularis
Summovet lictor miseros tumultus
Mentis et curas laqueata circum
Tecta volantes.
[Schätze und Würden zerstreuen die grausame Gemütsun-
ruhe nicht, und die Sorgen flattern auch in vergoldeten
Zimmern herum? Horaz, L. II. Od. 16. v. 11.]

Sorge und Furcht haben ihn mitten unter seinen Armeen
bei der Kehle.

Re veraque metus hominum, curaeque sequaces,
Nec metuunt sonitus armorum, nec fera tela,
Audacterque inter Reges, rerumque potentes
Versantur, neque fulgorem reverentur ab auro.
[Furcht und Sorge fürchten sich wahrhaftig weder vor dem
Geräusche der Waffen noch vor den grausamsten Pfeilen.
Sie mischen sich kühnlich unter die Könige und Herren
der Welt und scheuen sich nicht vor dem Schimmer des
Goldes. Lucrez, L. II. v. 47. seqq.]

Werden sie denn von dem Fieber, dem Kopfwehe und dem
Podagra mehr als wir verschonet? Wenn ihnen das Alter
auf den Hals fällt, kann sie denn ihre Leibwache desselben
entledigen? Wenn sie die Furcht für dem Tode einnimmt,
können ihnen denn ihre Kammerherren helfen? Wenn sie
eifersüchtig oder eigensinnig sind, werden ihn unsere Bück-
linge zufriedenstellen? Das Himmelbette, welches von Gold
und Perlen starret, kann deswegen das Schneiden der Kolik
nicht lindern.

Nec calidae citius decedunt corpore febres,
Textilibus si in picturis ostroque rubenti
lacteris, quam si plebeia in veste cubandum est,
[Das Fieber verlässet denjenigen nicht eher, der sich in
einem kostbar gewirkten purpurnen Bette herumwälzet,
als einen andern, der in einem schlechten schläfet.

Lucrez, L. II. v. 34. seqq.]

Die Schmäuchler wollten Alexander den Großen überreden, er wäre Jupiters Sohn. Als er aber einstmals verwun-
det wurde und das Blut aus seiner Wunde hervordringen
sahe, fing er an:

Was meint ihr? Ist dieses nicht ein rotes und ganz mensch-
liches Blut? Es ist wohl nicht von der Natur desjenigen Blu-
tes, welches nach Homers Beschreibung aus den Wunden
der Götter läuft.* Der Poet Hermodor ließ dem Antigonus
zu Ehren aus seiner Feder Verse fließen, worinnen er ihn
einen *Sohn der Sonne* nannte:

Antigonus aber erwiderte,** *derjenige, der meinen Nachtstuhl ausräumt, sieht wohl, daß dieses nicht wahr ist.* Ein
Mensch bleibet ein Mensch, und wenn er von Natur
schlechte Gaben hat, so wird ihm die Herrschaft über die
ganze Welt nichts helfen.

---

* Plutarch. *Apophthegm. Regum et Imperatorum,* unter dem Artikel *Alexander.*
** Eben daselbst unter dem Artikel *Antigonus.*

Puellae
Hunc rapiant, quicquid calcaverit hic, rosa fiat.
[Persius Sat. II. v. 38. 39.]

Was hilft das, wenn er eine unartige und dumme Seele hat?
Wer nicht Munterkeit und Verstand besitzt, kann selbst
die Wollust und das Glück nicht empfinden.

Haec perinde sunt, ut illius animus qui ea possidet:
Qui uti scit, ei bona, illi qui non utitur recte, mala.
[Bei diesen Sachen kommt es auf die Gemütsart des Besit-
zers an. Sie sind ein Glück für den, der sie zu gebrauchen
weiß: aber ein Unglück für den, der sie nicht recht gebrau-
chet.   Terent. Heautont. Act. I. Sc. 3. v. 21. 22.]

Die Glücksgüter, sie mögen beschaffen sein wie sie wollen, erfordern eine Empfindlichkeit, die sie zu schmecken
geschickt ist. Der Genuß, nicht aber der Besitz, macht uns
glücklich.

Non domus et fundus, non aeris acervus et auri,
Aegroto domini deduxit corpore febres,
Non animo curas: valeat possessor oportet,
Qui comportatis rebus bene cogitat uti.
Qui cupit, aut metuit, iuvat illum sic domus aut res,
Ut lippum pictae tabulae, fomenta podagram.
[Die Landgüter, die Häuser, die goldenen und silbernen
Haufen helfen uns nicht vor dem Fieber und können nichts
wider die Gemütskrankheit verrichten. Der Besitzer dieser
Güter muß an dem Leib und am Gemüt gesund sein und sie
wohl anwenden. Die Reichtümer sind demjenigen, der von

dem Geiz oder von der Furcht dasjenige was er hat, zu verlieren, gequälet wird, ebenso viel nutz als die Umschläge
einem Podagristen und die Gemälde einem Menschen,
der böse Augen hat. Horaz, L. I. Ep. 2. v. 47. u. f.]

Er ist ein Narr, er hat keinen Geschmack. Er empfindet
ebensoviel davon als einer, der den Schnupfen hat, von
der Annehmlichkeit des griechischen Weines oder ein Pferd
von dem prächtigen Zeuge, mit welchem man es geputzet
hat. Ebenso, wie Plato sagt, daß die Gesundheit, die Stärke,
der Reichtum und alles, was man etwas Gutes nennet, dem
Ungerechten ebenso schädlich als dem Gerechten nützlich sei, und das Böse umgekehrt. Was helfen ferner die zeit-
lichen Güter, wenn der Leib und die Seele in einem schlimmen Zustande sind? Wie leicht kann uns nicht der geringste
Nadelstich und die geringste Leidenschaft des Vergnügens
an der Herrschaft über die ganze Welt berauben? Sobald das
Podagra zuckt, ist es mit dem allergroßmächtigsten Herrn
und mit der Majestät aus.

Totus et argento conflatus, totus et auro.
[Ganz mit Gold und Silber bedeckt.
                              Tibull, Eleg. 1. v. 71.]

Vergißt er nicht seine Paläste und seine Hoheit? Verhütet
dann, wenn er zornig wird, sein hoher Stand, daß er nicht
rot oder bleich wird oder wie ein Narr mit den Zähnen
knirscht? Wenn er aber ein geschickter Mensch ist und
gute Gaben hat, so trägt die königliche Würde wenig zu
seinem Glücke bei.

Si ventri bene, si lateri est pedibusque tuis nil
Dinitiae poterunt regales addere maius.
[Wenn dein Bauch, die Seiten und die Füße gut sind, so kön-
nen dich königliche Schätze nicht glücklicher machen.

Horaz, L. I. Ep. 12. v. 5. 6.]

Er sieht, daß alles nur falscher Schein und Betrug ist. Ja
vielleicht ist er der Meinung des Königs Seleucus, daß derjenige, welcher wüßte, wie schwer ein Szepter wäre,* denselben nicht von der Erden aufheben würde. Er sagte dieses
wegen der großen und schweren Last, die ein guter König
auf sich hat. Gewiß, es ist keine geringe Sache, andere zu
regieren, da sich schon so viele Schwierigkeiten zeigen,
wenn wir nur uns selber regieren sollen. Was das Befehlen
anbelanget, welches uns so angenehm vorkommt, so bin
ich der Meinung, wenn ich die Schwäche der menschlichen
Urteilskraft und die Schwierigkeit überlege, die man findet, wenn man unter neuen und zweifelhaften Dingen eine
Wahl treffen soll, daß es leichter sei zu folgen, als zu leiten, und daß dieses ein großer Vorteil ist, wenn man nur
einen gebahnten Weg gehen und nur für sich selbst zu sorgen hat.

Ut satius multo iam sit, parere quietum
Quam regere imperio res velle.
[Der ruhige Gehorsam ist besser, als die Regierung ist.

Lucrez, L. V. c. 1126 seqq.]

---

* Plutarch: Ει πρεσβυτερω πολιτευτεων. Ob ein Mann, der bei Jahren ist,
sich in öffentliche Geschäfte mischen solle? c. 12. ερριμενον ουκ αν ελαι-
δαι διαδημα.

Hierzu kommt noch, daß, wie Cyrus sagt, der Regent besser sein muß als diejenigen, welche er regieret.

Allein der König Hieron sagt bei dem Xenophon noch mehr,* daß die Könige selber bei dem Genusse der Wollüste übler daran wären als die Privatpersonen: weil die Leichtigkeit und Bequemlichkeit, dieselben zu erhalten, den Geschmack raubet, welchen wir darinnen finden.

Pinguis amor nimiumque potens, in taedia nobis
Vertitur, & stomacho dulcis ut esca nocet.
[Die allzu häufige und gar zu mächtige Liebe wird uns zur Last, ebenso wie eine süße Speise im Magen schädlich,
Ovid, Amorum Lib. II. Eleg. 19. v. 25. 26.]

Glauben wir dann, daß die Chorknaben ein großes Vergnügen an der Musik haben? Sie werden derselben satt und überdrüssig. Die Lustbarkeit, die Tänze, die Maskeraden, die Turniere erfreuen nur diejenigen, welche sie nicht oft sehen und ein Verlangen getragen hatten, sie zu sehen. Wer aber dergleichen täglich sieht, findet weder Geschmack noch Vergnügen daran. Wer beständig mit Frauenzimmern Umgang hat, findet nichts Reizendes darinnen. Wer eher trinkt, als er dürstet, findet kein Vergnügen am Trinken. Die Possen eines Gauklers vergnügen uns: aber den Spielern selbst sind sie zur Last. Daß es sich aber wirklich so verhält, weil sich die großen Herren eine Ergötzlichkeit und ihre größte Lust daraus machen, daß sie sich manchmal verkleiden und sich zu einer niedrigen und gemeinen Lebensart herunterlassen können.

* Xenophontis Ιερων Τυραννικος.

Plerumque gratae principibus vices
Mundaeque paruo sub lare pauperum
Coenae, sine auleis & ostro,
Sollicitam explicuere frontem.
[Die Veränderung gefällt den Großen gemeiniglich. Eine
kleine und reinliche Mahlzeit in einem Privathause, wo we-
der Tapeten noch Purpur sind, hat ihnen öfters die Stirne
aufgeheitert.   Horaz, Lib. III. Od. 29. v. 13.]

Es ist nichts so verdrießlich und abgeschmackt als der
Überfluß. Wer würde nicht einen Ekel bekommen, wenn
er beständig 300 Frauenzimmer, wie der Großsultan in seinem Serrail, zu seinem Dienste bereit sähe? Wieviel Geschmack und Lust an der Jagd hatte jener von seinen Vorfahren behalten, der niemals mit weniger als siebentausend
Falkenierern auf die Jagd ging?
    Überdies glaube ich, daß der Schimmer der Hoheit dem
Genusse des angenehmsten Vergnügens nicht wenig hin-
derlich ist; denn es wird dadurch allzu stark beleuchtet
und kundbar. Man verlanget, ich weiß nicht warum, von
ihnen, daß sie ihre Fehler mehr als andere verbergen und
verdecken sollen. Denn was bei uns Unbescheidenheit ist,
hält das Volk bei ihnen für Tyrannei, Verachtung und Ge-
ringschätzung der Gesetze. Es hat das Ansehen, als ob sie,
außer einer lasterhaften Neigung, sich ein Vergnügen daraus machten, die allgemeinen Gewohnheiten zu verachten
und mit Füßen zu treten. Gewiß, Plato beschreibt in seinem Gorgias einen Tyrannen,* als einen, der in einer Stadt
die Freiheit hat, alles zu tun, was ihm gefällt. Daher ge-

* Τουτο λεγω (τυραννειν) εξειναι εν τη πολει, ὁ αν δοκη αυτω, ποιειν
τουτο, u. s. w. *p. 469. c. Tom. I.*

schieht es, daß die Bekanntmachung und Entdeckung ihrer Laster mehr Eindruck macht als das Laster selbst. Jedermann fürchtet, er möchte verraten und ausgekundschaftet werden. Hingegen bei den Fürsten beobachtet man sogar ihre Gebärden und Gedanken, weil das ganze Volk glaubet, es habe nicht nur Recht, sondern auch Ursache darüber zu urteilen. Allein die Flecken scheinen überhaupt allezeit größer zu sein, je höher und heller der Ort ist, an welchen sie sich befinden. Ein Mal und Warze wird an der Stirne eher wahrgenommen als anderswo eine Schmarre. Daher die Poeten dichten, Jupiter sei unter einer andern Gestalt auf seine Buhlereien gegangen, und unter so vielen Liebeshändeln, welche sie von ihm melden, hat er sich nur bei einer einzigen, wie ich glaube, in seiner Größe und Majestät gezeigt.

Aber wieder auf den Hieron zu kommen, so erwähnt er auch, wieviel Beschwerlichkeiten er bei seiner Regierung hätte,[*] weil er nicht frei gehen und reisen könne, sondern sich wie ein Gefangener in den Grenzen seines Landes aufhalten und sich bei allen seinen Handlungen von einem verdrießlichen Gedränge umgeben sehen müsse. Und in Wahrheit, ich habe die unsrigen öfters mehr bedauert als beneidet, wenn ich sie ganz alleine an der Tafel sitzen und von einer solchen Menge Schwätzer und unbekannter Leute, die sie ansehen, umgeben gesehen habe. Der König Alphonsus sagte, die Esel wären besser daran als die Könige: denn ihre Herren ließen sie in Ruhe fressen, da dieses die Könige von ihren Dienern nicht erlangen könnten. Ich habe mir auch niemals einbilden können, daß es eine besondere Bequemlichkeit für einen verständigen Mann sei,

* Xenophontis *Hieron*.

etliche zwanzig Aufseher um seinen Nachtstuhl zu haben, oder daß er sich lieber von einem Manne, der zehntausend Livres Einkünfte hat oder der Casal eingenommen oder Siena verteidiget hat, als von einem redlichen und erfahrnen Bedienten sollte aufwarten lassen.

Die Vorzüge der Fürsten bestehen gleichsam nur in der Einbildung. Jeder Stand hat etwas einer Herrschaft Ähnliches. Cäsar nennet alle Herren, welche zu seiner Zeit in Frankreich die Gerichtsbarkeit hatten, kleine Könige.* In der Tat, den Namen Sire beiseite gesetzet, ist es mit unsern Königen sehr weit gekommen. Man betrachte nur in den von dem Hofe entfernten Provinzen, wie zum Exempel Bretagne ist, das Gefolge, die Untertanen, die Bedienten, die Beschäftigungen, die Bedienung und die Zeremonien eines einsamen und für sich lebenden Herrn, der unter seinen Bedienten erzogen ist, und bemerke dabei, was für eine hohe Einbildung er hat. Nichts kann königlicher sein. Er hat nur einmal des Jahres von seinem Herrn reden gehöret, wie von dem Könige in Persien, und kennt ihn nicht weiter als nach einer gewissen alten Verwandtschaft, welche sein Sekretär im Register aufgezeichnet hat. In Wahrheit, unsere Gesetze sind frei genug; und ein französischer Edelmann empfindet die Last der Untertänigkeit in seinem ganzem Leben kaum zwei Mal. Die wesentliche und wirkliche Unterwürfigkeit betrifft unter uns nur diejenigen, welche sich darein begeben und welche durch einen solchen Dienst

* Es stehet nichts solches von den Galliern bei dem Cäsar. Ich glaube, daß Montaigne hierher gezogen hat, wie er es auch sonsten tut, was man von den Deutschen lieset: In pace nullus est communis Magistratus, sed Principes regionum atque pagorum inter suos ius dicunt, controversiasque minuunt. *De bell. Gall. VI. 23.* Diese Anmerkung ist von dem Herrn *Barbeyrac.*

Ehre und Reichtum zu erwerben suchen. Wer hinter seinem Herde bleibt und sein Hauswesen ohne Streit und ohne Prozeß zu regieren weiß, der ist ebenso frei als der Herzog von Venedig.

Paucos servitus, plures servitutem tenent.
[Wenig Leute fallen in Knechtschaft. Die meisten begeben sich freiwillig darein. Seneca, Ep. 22.]

Hauptsächlich aber klagt Hieron darüber, daß er sich aller gegenseitigen Freundschaft und Gesellschaft beraubt sieht, worinnen doch das vollkommenste und angenehmste Vergnügen des menschlichen Lebens besteht. Denn was für ein Zeichen der Liebe und Zuneigung kann mir derjenige geben, welcher mir, er mag wollen oder nicht, alles, was er tun kann, zu tun schuldig ist. Kann ich auf seine demütigen Reden und tiefen Verbeugungen trauen, da er mir dieselben nicht verweigern kann? Die Ehre, welche uns diejenigen erzeigen, die uns fürchten, ist keine Ehre. Diese Ehrenbezeigungen sind sie der königlichen Würde, nicht aber mir schuldig.

Maximum hoc regni bonum est,
Facta domini cogitur populus sui
Quam ferre, tam laudare.
[Der größte Vorteil bei der Königlichen Würde ist dieser, daß die Völker die Handlungen ihrer Herren nicht nur leiden, sondern auch loben müssen. Senec.
Thyest, Act. II. S. 1. v. 30 u. f.]

Sehe ich nicht, daß man einem schlimmen ebenso wie dem guten Könige, einem Verhaßten ebenso wohl als einem Geliebten, dem einen so gut als dem andern Ehre erzeigt? Mit eben solcher Pracht und eben solcher Zeremonie ist mein Vorgänger bedienet worden, und mein Nachfolger wird auch so bedienet werden. Wenn mich meine Untertanen nicht beleidigen, so ist dieses eben kein Zeichen einer guten Gesinnung. Warum soll ich es so auslegen, da sie es nicht tun können, wie sie gleich wollen? Keiner folget mir aus Freundschaft, die zwischen ihm und mir; denn wie will da, wo so wenig Übereinstimmung und Gemeinschaft ist, Freundschaft entstehen? Meine Hoheit hat mich außer dem Umgange mit den Menschen gesetzet. Es ist gar zu viel Ungleichheit und Unterschied zwischen uns: Sie folgen mir nur aus Verstellung und Gewohnheit nach, oder vielmehr meinem Glücke, um das ihrige dadurch zu vermehren. Alles, was sie sagen und tun, ist Verstellung, weil ihre Freiheit durch meine große Macht über sie auf allen Seiten eingeschränket ist. Ich sehe nichts als verhüllte und verkleidete Leute um mich. Den Kaiser Julian lobten seine Hofleute einstens, daß er die Gerechtigkeit so gut handhabte; worauf er sagte:

Gaudebam planeque me efferebam, si ab his laudarer quos & vituperare posse aduerterem, si quid secus factum sit aut dictum.
[Ich wollte mir gerne auf diese Lobeserhebungen etwas einbilden, wenn sie nur von solchen Leuten kämen, welche mich, wenn ich anders verführe, schelten und tadeln dürften.   Ammian. Marcell, Lib. XXII. c. 10.]

Die Fürsten haben alle wahre Vorteile mit Leuten vom Mittelstande gemein (denn auf geflügelten Pferden zu reiten und Ambrosin zu speisen, gehöret nur für die Götter). Sie haben keinen andern Schlaf und Appetit als wir. Ihr Stahl ist nicht besser gehärtet als der, womit wir uns bewaffnen.

Ihre Krone bedeckt sie weder vor der Sonne noch vor dem Regen.

Diocletian, der doch eine so verehrte und beglückte Krone trug, legte dieselbe nieder, um dem Vergnügen eines einsamen Lebens nachzuhangen. Als aber kurze Zeit darnach die öffentlichen Geschäfte erforderten, daß er dieselbe wieder aufsetzte, so antwortete er denjenigen, die ihn darum ersucht. *Ihr würdet euch nicht vorgenommen haben mich hierzu zu überreden, wenn Ihr die schöne Ordnung der Bäume, welche ich zu Hause gesetzt habe und die schönen Melonen, welche ich gesäet habe, gesehen hättet.* *

Nach der Meinung des Anacharsis würde der glücklichste Zustand einer Polizei derjenige sein, in welchem bei der Gleichheit aller andern Sachen, der Vorzug nach der Tugend und die Verachtung nach dem Laster abgemessen würden.** Als sich der König Pyrrhus entschlossen hatte, nach Italien zu gehen, und ihm Cyneas sein Ratgeber die Eitelkeit seines Ehrgeizes zu verstehen geben wollte, so fragte er: Warum fassen Ew. Majestät ein so großes Unternehmen? Worauf er ihm geschwind antwortete: *Damit ich mich von Italien Meister mache.* Und wenn dieses gesche-

---

* Utinam Salonae possetis visere blera nostris manibus instituta, profecto nunquam istud tentandum iudicaretis. *Sext. Aur. Victor.* im Artikel: *Diocletianus.*
** Plutarchus im *Gastmale der sieben Weisen.*

hen ist, erwiderte Cyneas? *So gehe ich nach Gallien und Spanien,* sagte der andere. Und danach? *So will ich die Afrikaner unter das Joch bringen, und wenn ich endlich die ganze Welt bezwungen habe, so werde ich mich zur Ruhe begeben und nach meinem Gefallen leben.* Um Gottes willen, sagte Cyneas, woran liegt es denn, daß Ew. Majestät nicht den Augenblick in diesem Zustande sind. Warum begebet Ihr Euch nicht den Augenblick, da Ihr es saget, in Ruhe und ersparet so viele Arbeit und Gefahr, die Ihr bei Euren Absichten habet?*

Nimium quia non bene norat quae esset habendi.
Finis et omnino quod crescat vera voluptas.
[Das machts, daß er nicht den Endzweck kennt, welchen man sich bei dem Besitz der Güter vorsetzen soll, noch wie weit sich das wahrhafte Vergnügen erstrecket.

Lucrez, Lib. V. v. 1431.]

Ich will diese Materie mit einem Vers, welchen ich zu dieser Gelegenheit sehr geschickt befunden habe, schließen.

Manes cuique sui fingunt fortunam.
[Von den Sitten eines jeden Menschen hänget sein Glück ab.   Corn. in dem Leben des Atticus.]

---

* Plutarchus im *Leben des Pyrrhus.*

ÜBER BÜCHER

Ohne Zweifel begegnet mir's oft, daß ich von Sachen spreche, welche von den zünftigen Meistern besser und gründlicher behandelt sind. Dies hier sind bloß Versuche meiner natürlichen Kräfte und nichts weniger als erworbener, und wer mich auf Unwissenheit ertappt, der tut mir nicht wehe, denn kaum möchte ich einem andern für meine Aufsätze einstehen, da ich solches gegen mich selbst nicht einmal tue und nicht damit zufrieden bin. Wer auf Gelehrsamkeit jagen will, muß sie suchen, wo sie ihr Lager hat. Ich wüßte nichts, womit ich mich weniger abgäbe. Dies hier sind so meine eignen Einfälle, wodurch ich nicht beabsichtige, das Wesen der Dinge ans Licht zu bringen, sondern mich selbst. Die Dinge lerne ich vielleicht einmal künftig kennen oder habe sie schon einmal gekannt, nachdem das Schicksal mich auf Orte versetzte, wo sie im Lichte standen. Aber ich erinnere mich an nichts mehr davon. Und wenn ich der Mensch war, der zur Not etwas lernen konnte, so kann ich doch nichts behalten. Also verspreche ich weiter nichts gewiß, als zu zeigen, wie weit es zu dieser Stunde mit der Kenntnis reiche, die ich davon habe. Man halte sich ja nicht bei der Materie auf, das bitt' ich, sondern sehe nur auf die Form, die ich ihr gebe. Bei dem, was ich anderwärts borge, achte man darauf, ob ich etwas auszuwählen verstanden habe, wodurch die Erfindung gehörig gehoben und unterstützt wird, welche allemal von mir herrührt. Denn ich lege andern nicht nach ihrer, sondern nach meiner Willkür dasjenige in den Mund, was ich, sei es aus Mangel meiner Sprache, sei es wegen Schwäche meiner Kenntnisse, nicht so gut ausdrücken kann. Meine geborgten Stellen zähle ich nicht, sondern wäge sie; hätte ich eine Ehre in ihrer Anzahl gesucht, ich hätte zweimal mehr Schulden machen können. Sie alle, oder doch nur bis auf sehr wenige, sind von so berühmten Namen des Altertums, daß mich deucht, sie nennen sich schon selbst, ohne daß ich es nötig habe.

Anlangend Gründe, Vergleichungen und Vernunftschlüsse, wenn ich deren in meinen eignen Garten aus fremdem Grund und Boden verpflanze und mit den meinigen vermische, so verschweige ich oft mit gutem Vorbedacht ihren ersten Urheber, um die voreiligen Richter ein wenig im Zaume zu halten, welche so hastig über alle Arten von Schriften herfallen, und zwar vorzüglich über neuere Schriften, von lebenden Verfassern und in der ungelehrten Muttersprache geschrieben, die es jedermann möglich macht, davon zu sprechen, und welche den Beweis mit sich zu führen scheint, Erfindung, Plan und Ausführung seien ebenso ungelehrt und gemein als die Sprache, worin sie geschrieben worden. Ich will, sie sollen dem Plutarch einen Stüber auf meiner Nase geben und sollen sich die Zunge daran verbrennen, daß sie den Seneca in mir aushunzen. Ich muß meine Schwäche hinter so großen Männern von Ansehen verbergen. Ich wünschte jemand zu finden, der es verstünde, mir die fremden Federn auszurupfen; nach einsichtsvollem Urteile, mein' ich, und nach bloßer Unterscheidung der Schönheit und Stärke der vorgetragenen Sätze. Denn ich selbst komme aus Mangel an Gedächtnis immer zu kurz, wenn ich solche nach Kenntnis ihres Ursprungs sichten will. Daran aber fehlt's mir nicht, die Schußweite meiner eigenen Kräfte zu messen, zu wissen, daß mein Boden keineswegs imstande ist, so schöne Blumen hervorzubringen, als ich darauf ausgesäet finde, und daß alle meine einheimischen Früchte nicht hinreichen, sie zu bezahlen. Dafür aber halte ich mich schuldig zu bürgen, wenn ich mich selbst irre, wenn meine Gedanken in diesen Aufsätzen falsch oder leer sind, wenn ich es nicht fühle oder nicht fähig bin zu fühlen, so man es mir vorstellt. Denn es entwischt unsern Augen mancher Fehler, ein krankes Urteil aber ist das, was die Fehler nicht wahrnehmen kann, wenn ein andrer sie ihm entdeckt. Wir können Wissenschaften und Liebe zur Wahrheit besitzen ohne richtiges Urteil; auch kann sich diese ohne jene bei einem Manne befinden. Ja, das Bewußtsein unsrer Unwissenheit ist schon einer der schönsten und sichersten Beweise vom richtigen Urteile, wie ich dafür halte. Ich habe keinen andern Weibel, der mir meine Stücke in Ordnung stellt, als den Zufall. So wie meine Einfälle vortreten, stelle ich sie in die Reihe. Zuweilen kommen sie haufenweis durcheinander, dann wieder in dünnen Gliedern. Mein Wille ist, daß man meinen natürlichen und gewöhnlichen Schritt sehen soll, so wenig geschlossen er auch sein mag. Ich schlendre so fort, wie ich mich eben finde. Auch behandle ich keine Materien, die es nicht erlaubt wäre nicht zu wissen oder davon man nicht gelegentlich und mit Dreistigkeit sprechen dürfte. Ich wünschte wohl eine vollkommnere Kenntnis von den Sachen zu haben, mag aber nicht soviel daran wenden, als sie kostet. Mein Vorsatz ist, den Überrest meines Lebens gemächlich, nicht mühselig hinzubringen. Ich wüßte nichts, worüber ich mir den Kopf zerbrechen möchte, nicht einmal über Wissenschaften, so groß auch übrigens ihr Wert ist.

Ich suche in Büchern weiter nichts, als mir durch vernünftigen Zeitvertreib ein Vergnügen zu machen, oder wenn ich studiere, so suche ich nach keiner andern Wissenschaft als der, welche von der Kenntnis meiner selbst handelt und die mich lehrt, gut zu leben und gut zu sterben.

Has meus ad metas sudet oportet equus.
[Das ist der Preis, um den mein Pferd den Schweiß vergießt.
Properz, IV, 1, 70]

Wann ich im Lesen eine schwere Stelle finde, die ich nicht verstehen kann, so beiße ich mir deswegen die Nägel nicht ab, sondern lasse es, nachdem ich sie ein- oder ein paarmal beleuchtet habe, dabei bewenden. Wenn ich mich darauf erpichte, würde ich mich und meine Zeit verderben, denn mein Kopf wird leicht stutzig; was er nicht im ersten Anlauf lernt, das lernt er noch weniger, wenn er angestrengt wird. Ich tue nichts ohne Frohsinn, und zu langes und anhaltendes Nachsinnen trübt meinen Verstand, macht ihn träge und lässig; er sieht nicht mehr klar, sondern nur verworrne Bilder. Ich muß also die Augen meines Verstandes decken und nur von Zeit zu Zeit den Blick hinschicken, wie man es macht, wenn man von der Schönheit des Scharlachs urteilen will, wo man uns sagt, man müsse schnell und verschiedene Male auf seiner Fläche entlangsehen. Werde ich eines Buches überdrüssig, so leg' ich's weg und nehme ein andres und lese nicht anders als in den Stunden, wo ich deswegen Langeweile fühle, weil ich nichts Bestimmtes zu tun habe.

Ich greife nicht gerne nach neuen Büchern, weil mir die alten mehr Kern und Geist zu haben scheinen; auch nicht nach griechischen, weil meine schüler- und lehrlingsartigen Begriffe von dieser Sprache mir nicht erlauben, sie mit Urteilskraft zu lesen. Unter den neuern, bloß angenehmen Büchern halte ich den Decamerone oder die Erzählungen des Boccaccio, den Rabelais und die Küsse des Johannes Secundus (wenn man sie unter diesem Titel anführen darf) würdig, daß man sie zu seiner Unterhaltung lese. Die Amadisse und mehrere dergleichen Schriften haben mich selbst nicht in meinen Kinderjahren anzuziehen vermocht.

Noch dieses will ich sagen, es mag so dreist oder verwegen klingen, als es will, daß dies Alter, das mich drückt, mich kein Vergnügen am Ariost, ja nicht einmal am ehrlichen Ovid finden läßt. Seine Leichtigkeit und seine Erfindung, die mich vordem entzückten, können mich jetzt kaum unterhalten. Ich sage meine Meinung über alles offenherzig, selbst über Dinge, die vielleicht meine Einsichten übersteigen und von denen ich gar nicht glaube, daß sie vor meinen Richterstuhl gehören.

Was ich darüber sage, ist auch bloß ein gegebenes Maß meiner Einsichten und keineswegs ein Maßstab der Dinge. Wenn mir der Axiochus des Plato nicht behagt, als ein für diesen Verfasser kraftloses Werk, so tue ich dabei nicht stolz auf mein Urteil, das nicht so eitel ist, dem Urteile so vieler berühmter Männer des Altertums das Widerspiel zu halten, die es vielmehr für seine Meister und für seine Lehrer erkennt und mit denen es lieber irren und fehlen mag. Es erkennt sich selbst für schuldig und verurteilt sich dahin, daß es sich entweder an der Schale halte, weil es nicht bis auf den Kern dringen kann, oder daß es die Sachen aus einem falschen Gesichtspunkte ansehe. Es begnügt sich damit, wenn es sich vor Verwirrung und Unordnung in acht nehmen kann. Seine Schwachheit sieht es und gesteht sie gerne und willig ein. Es will gern den Schein, wie ihm die Sachen vorkommen, aufs billigste erklären, aber diese Erklärungen sind ungereimt und unvollkommen. Die meisten Fabeln Äsops haben mehr als einen Sinn und mehr als eine Anwendung. Diejenigen, welche solche auf die Mythologie anwenden, suchen daran nur eine Seite, welche der Fabel nur so, so anpaßt! Für die meisten haben diese Fabeln nur einen äußern und oberflächlichen Sinn. Es liegt aber tieferer, wesentlicherer und verborgener Sinn darin, den sie nicht herauszubringen vermögen. Das ist so auch mein Fall.

Doch, um auf meinem Wege zu bleiben: Es ist mir so vorgekommen, als ob in der Dichtkunst Vergil, Lukrez, Catull und Horaz bei weitem obenan stehen; Vergil besonders in seinen Georgicis, welches ich für das vollkommenste Werk halte, das wir in der Dichtkunst haben, und verglichen mit dem, was man leicht erkennen kann, daß es in der Aeneide Stellen gibt, bei welchen der Verfasser noch die letzte Feder gebraucht haben würde, wenn er Zeit dazu gehabt hätte; und halte ich das fünfte Buch der Aeneide für das vollkommenste unter allen. Auch Lucan ist mir sehr lieb, und ich nehme ihn gern zur Hand, nicht sowohl wegen seines Stils als wegen seines inneren Wertes und wegen der Wahrheit seiner Meinungen und Urteile. Was den ehrlichen Terenz anbetrifft, so finde ich die Fülle und Anmut seines Lateins vortrefflich, die Bewegungen der Seele und die Beschaffenheit der Sitten nach dem Leben zu malen und darzustellen, alle Augenblicke führen mich unsere Handlungen zu ihm zurück. Sooft ich ihn lese, finde ich neue Schönheiten, neue Anmut, neuen Reiz.

Diejenigen, welche ungefähr zu den Zeiten des Vergil lebten, klagten darüber, daß ihn einige mit dem Lukrez verglichen. Nach meiner Meinung ist da freilich nichts zu vergleichen, wo keine Ähnlichkeit ist. Allein, es wird mir doch sauer, mich in diesem Glauben so unerschütterlich zu erhalten, wenn ich eben eine schöne Stelle aus dem Lucretius mit Bedacht lese! Wenn die Verehrer Vergils sich schon über jene Vergleichung ärgerten, was würden sie nicht erst zu der barbarischen Stockdummheit derjenigen sagen, die heutigentags den Ariost mit ihm vergleichen wollen? Und was würde Ariost selbst dazu sagen?

O saeclum insipiens et infacetum!
[O unsrer schalen, plumpen Zeiten.   Catull, Epigr. 41]

Ich sollte meinen, die Alten hätten sich noch mehr über diejenigen zu beschweren gehabt, welche den Plautus mit dem Terentius verglichen (denn dieser letzte zeigt weit mehr feinen Ton!), als über die Vergleichung des Lukrez mit dem Vergil! Zum größern Vorzuge des Terentius entscheidet viel, daß der Vater der römischen Beredsamkeit ihn, als den einzigen aus seiner Klasse, so oft anführt, und der Ausspruch, den der erste Richter über die lateinischen Dichter zwischen ihm und seinem Nebenbuhler tut.

Es ist mir oft aufgefallen, wie die Männer, die sich zu unsern Zeiten mit Komödienschreiben abgeben (ebenso wie die Italiener, die darin glücklich genug sind), drei oder vier Fabeln aus dem Terenz oder Plautus nehmen können, um daraus nur eine nach ihrer Art zu machen. Sie stopfen in ein einziges Lustspiel fünf oder sechs Erzählungen des Boccaccio. Was sie verleitet, dergestalt sich mit Stoff zu überladen, muß die Besorgnis sein, die sie hegen, sie könnten sich sonst, mit ihrer eignen Laune, nicht durchhelfen. Sie bedürfen einer Unterlage, worauf sie sich stützen, und da sie in ihrem eigenen Vermögen nicht Vorrat genug finden, uns zu unterhalten, so meinen sie, die Intrigen sollen uns anziehen. Mit meinem Autor geht es ganz umgekehrt, seine vortreffliche und schöne Art, die Sachen zu sagen, macht, daß wir seine Fabel ganz aus den Gedanken verlieren. Seine Grazie und seine Zierlichkeit der Diktion erhält uns durchaus in Aufmerksamkeit. Es ist allenhalben so angenehm

Liquidus, puroque simillimus amni
[Hell und klar wie ein schöner Bach.   Horaz, Epist. II, 2]

und flößt unsrer Seele durch seine liebliche Sprache ein solches Vergnügen ein, daß wir darüber das Wohlgefallen an seiner Fabel vergessen. Diese Betrachtung führt mich in ein weiteres Feld. Ich sehe, daß die guten unter den alten Dichtern alles Gesuchte, alles Gezierte vermieden haben, nicht nur die phantastische Erhabenheit der Spanier und Petrarchisten, sondern auch die spitzfindigen, obgleich bescheidenen Wendungen, welche die Zierde aller poetischen Werke der folgenden Jahrhunderte sind. Auch findet kein guter Richter hierüber die Alten zu tadeln und wird, ohne alle Vergleichung, mehr Glätte der Feile und diese vollkommene Sanftheit und immer blühende Schönheit in den Epigrammen des Catull finden und solche mehr als alle Stacheln bewundern, womit Martial die seinigen zugespitzt hat. Dies entspringt aus eben den Gründen, die ich oben angeführt habe und die auch Martial für sich anführt:

minus illi ingenio laborandum fuit, in cuius locum materia sucesserat.

[Weniger braucht dessen Geist zu wirken, dessen Stoff schon vorbereitet daliegt.

Horaz, Epist. II, 2.]

Jene Meister der Kunst bedürfen keiner Handgebärderei, um sich uns verständlich zu machen. Sie finden allenthalben zu lachen und brauchen sich nicht erst zu kitzeln. Die andern haben es not, sich nach fremder Hilfe umzusehen, und in dem Verhältnis wie es ihnen am Geiste mangelt, müssen sie mehr Körper haben. Sie müssen wohl ihren Gaul reiten, weil sie schlecht zu Fuße sind. Ebenso wie bei unsern Bällen sich oft Menschen aus den niedrigsten Ständen zu Tanzmeistern aufwerfen, die dann, weil sie den edlen Anstand und die gefälligen Bewegungen unsrer Personen von guter Erziehung nicht erreichen können, sich durch halsbrecherische Sprünge und andre gewaltsame Stellungen des Körpers nach Art der Luftspringer hervorzutun suchen. Und die Damen ziehen sich besser aus der Sache in solchen Tänzen, worin verschiedenerlei Arten Schritte und Körperschwenkungen vorkommen, als in gewissen andern feierlichen Tänzen, worin fast kein andrer als natürlicher Schritt vorkommt und wobei sie nur die ungekünstelte schöne Bewegung und gewöhnliche Anmut im Tragen des Körpers darzustellen haben. So wie ich auch vortreffliche Lustigmacher gesehen, die in ihrer gewöhnlichen Alltagskleidung und mit unbemaltem Gesicht uns so viele Ergötzlichkeit gemacht haben, als sich aus ihrer Kunst ziehen läßt, da hingegen die Anfänger, die es noch nicht soweit gebracht haben, sich damit helfen müssen, das Gesicht zu beschmieren, sich zu verkleiden und allerlei närrische Gebärden nachzumachen, um uns was zum Lachen zu geben.

Diese Meinung erklärt sich, besser als durch irgend etwas anderes, durch eine Vergleichung der Aeneide mit dem rasenden Roland. Vergil zeigt sich uns mit ausgebreiteten Flügeln, in hohem, festem Schwunge, der sein Ziel nie aus den Augen läßt. Ariost sehen wir flirren und von einer Erzählung zur andern hüpfen wie das Vöglein von Zweig zu Zweig, das sich auf seine Flügel nicht weiter verläßt als bis zum nächsten Baum. So setzt er sich alle vierzig oder fünfzig Schritte nieder, auszuruhen, aus Furcht, ihm möchten Atem und Kräfte ausgehen.

Excursusque breves tentat.
[Und geht nicht weit vom Wege.   Vergil, Georg. L, 4]

Dies wären also in dieser Gattung die Autoren, die mir vorzüglich gefallen. Was meine andre Leserei betrifft, wo sich ein wenig mehr Nutzen zum Vermögen mischt, wodurch ich lerne, meine Meinung zu berichtigen, so sind die Bücher, die mir dazu dienen, Plutarch (seitdem ich ihn in meiner Muttersprache habe) und Seneca. Alle beide haben für meine Laune diesen großen Vorzug, daß der Unterricht, den ich darin suche, in kurzen, abgerissenen Sätzen vorgetragen ist, die keine lange Anstrengung erfordern, deren ich nun einmal unfähig bin. So sind die kleinen Schriften des Plutarch und die Briefe des Seneca für mich das Beste und Nützlichste, was sie geschrieben haben. Es braucht keiner großen Voranstalten, um mich daranzumachen, und ich kann abbrechen, wo ich eben Lust habe. Denn die Sätze hängen nicht unmittelbar zusammen, und besteht jeder für sich.

Diese Autoren stimmen in den meisten nützlichen und wahren Meinungen überein, so wie ihr Schicksal sie auch ungefähr in einem und demselben Jahrhundert zur Welt brachte. Beide waren Lehrer römischer Kaiser, beide waren aus fremden Ländern nach Rom gekommen, beide waren reich und mächtig. Ihr Unterricht ist das Mark der Philosophie, in einer einfachen, treffenden Art vorgetragen. Plutarch ist gleichförmiger und fester. Seneca ist schon unebener und wellenartiger. Der eine müht sich, strengt und spannt sich an, um die Tugend gegen die Schwachheit, Furcht und unordentliche Begierden zu waffnen, der andre scheint ihre Macht nicht so sehr zu achten und es der Mühe wert zu halten, ihretwegen schneller zu gehen und sich gegen sie in Sicherheit zu setzen. Plutarch hängt an den platonischen Meinungen, die so milde und auf die bürgerliche Gesellschaft so anwendbar sind. Seneca vereinigt in sich die Meinungen der Stoiker und der Epikureer, die vom gewöhnlichen Gebrauche entfernter liegen, aber, nach meinem Dafürhalten, nützlicher für den einzelnen Mann sind und dabei mehr Festigkeit haben. Es erhellet aus dem Seneca, daß er sich vor der Tyrannei der Kaiser seiner Zeit ein wenig duckt. Denn mir scheint es ausgemacht, daß es ein erzwungenes Urteil ist, wenn er die Sache der großmütigen Mörder Cäsars verdammt. Plutarch ist durchgängig ein freier Mann. Seneca ist voller scharfsinniger Wendungen und witziger Einfälle. Plutarch voller Sachen. Jener erhitzt und setzt unsre Leidenschaften in Bewegung, dieser tut uns mehr Genüge und lohnt uns reichlicher. Er leitet uns, der andre stößt uns auf die Bahn.

Unter den Werken des Cicero dienen diejenigen am meisten in meinen Kram, die von der Philosophie, besonders von der Moral, handeln. Um aber keck und kühn die Wahrheit zu bekennen (denn wenn man einmal über den Schlagbaum Unverschämtheit hinweggesetzt hat, so ist Zaum und Zügel dahin), so ist mir seine Schreibart langweilig vorgekommen, so wie sein ganzer Zuschnitt. Seine Vorreden, seine Definitionen, seine Einteilungen, seine Wortforschungen nehmen den größten Teil seines Werkes weg. Was darin noch an Kern und Mark vorhanden ist, das wird von dem langweiligen Aufputzen verpreßt. Wenn ich eine Stunde hingebracht habe, ihn zu lesen, welches für mich schon viel ist, und mir dann Rechenschaft gebe, was ich für Saft und Kraft daraus gezogen habe, so finde ich die meiste Zeit, es war bloß Wind. Denn er ist noch nicht auf die Beweise gekommen, die seinen Satz unterstützen, und auch noch nicht auf die eigentlichen Gründe, worauf es bei der Lösung des Knotens ankommt, wonach ich suche. Da ich eigentlich nichts andres verlange, als weiser, nicht aber gelehrt oder beredt, zu werden, so sind die logikalischen oder aristotelischen Apparate für mich verloren. Ich verlange, daß man vom Hauptpunkte ausgehe! Ich weiß schon genug, was Tod ist und was Wollust, ohne meine Zeit damit zu vertändeln, daß man es mir anatomisch zergliedere. Ich suche geradezu gute, triftige Gründe, die mich lehren, ihrer Macht zu widerstehen. Dazu nützen aber weder die spitzfindigen Sophistereien noch die künstlichen Stellungen der Worte und Schlüsse. Ich verlange solche Vernunftgründe, welche einen Zweifel geradezu auf seiner stärksten Seite angreifen. Die seinigen schleichen um den Brei herum. Mögen sie gut sein für die Schulen, für die Redner vor Gericht und auf der Kanzel wo wir Muße haben zu schlummern und wo wir eine Viertelstunde nachher noch immer Zeit genug haben, den Faden wiederzufinden. Es ist nötig, auf diese Art mit den Richtern zu sprechen, die man auf alle mögliche Art auf seine Seite zu ziehen sucht, auch mit Kindern und mit dem Volke, wo man alles sagen und erwarten muß, was darunter trifft. Ich will nicht, daß man es darauf anlege, meine Aufmerksamkeit zu erregen und mir fünfzigmal zuschreie: »Nun höre!«, wie es unsre Herolde zu machen pflegen. Die Römer sagten in ihrer Religion: Hoc age. [Merk auf.] Wir in der unsrigen sagen: Sursum corda. [Erhebt zum Himmel eure Herzen.] Das sind für mich alles verlorne Worte. Ich gehe aus meinem Hause schon völlig vorbereitet hin. Ich bedarf keiner Würze und keiner Brühen. Ich esse mein Stück Fleisch ebensolieb ohne, und anstatt durch solche Vorbereitungen und Vorspiele meine Eßlust zu reizen, macht es mich vorsatt und unlustig.

Sollte mir wohl die Zügellosigkeit unsrer Zeiten bei dieser ruchlosen Kühnheit zur Entschuldigung dienen, wenn ich die Gespräche des Plato selbst für ebenso schleppend halte und die Meinung äußere, er ersäufe seine Materie in einem Strom von Worten? Daß ich die Zeit bedaure, die ein Mann auf so lange, müßige und bloß einleitende Reden verwendete, welcher so viele und bessere Dinge zu sagen hatte? Meine Unwissenheit wird mich besser entschuldigen, in Betracht dessen, daß ich die Schönheiten seiner Sprache nicht einsehe. Ich begehre überhaupt solche Bücher, welche Gebrauch von den Wissenschaften machen, nicht die, welche sie anrichten. Die beiden ersten und Plinius und ihresgleichen haben kein Hoc age; sie wollen es mit Leuten zu tun haben, die sich das schon selbst gesagt haben. Oder wenn sie eins haben, so ist es ein wesentliches Hoc age, das einen eignen Körper hat.

Auch die Briefe an den Atticus habe ich gern, nicht bloß weil sie einen vollständigen Bericht von der Geschichte und den Begebenheiten seiner Zeit enthalten, sondern noch mehr deswegen, weil ich darin die Stimmung seines häuslichen Lebens entdecke. Denn ich besitze eine sonderbare Neugier, wie ich schon anderwärts gesagt habe, die Seele und die unbefangenen Urteile meiner Autoren zu kennen. Man darf wohl nach dieser Musterkarte ihrer Schriften, die sie der Welt zur Schau ausstellen, über ihre Gelehrsamkeit richten, aber nicht über ihre Sitten noch über ihre Person und ihren Charakter. Tausendmal habe ich bedauert, daß das Buch verlorengegangen ist, welches Brutus über die Tugend geschrieben hat; denn es ist angenehm, die Theorie der Leute zu lernen, die sie so gut in Ausübung zu bringen wissen. Aber weil es ein ganz ander Ding um die Predigten ist als um die Prediger, so mag ich ebensolieb den Brutus beim Plutarch lesen als in seiner eigenen Schrift. Ich möchte lieber noch der Wahrheit gemäß wissen, was er am Abend vor einer Schlacht in seinem Zelte mit einem seiner Busenfreunde sprach, als die Anrede, die er tags nachher an seine Kriegsvölker hielt; lieber das wissen, was er in seinem Arbeits-, in seinem Wohnzimmer vornahm, als was er auf öffentlichem Marktplatze oder im Senate ausgehen ließ.

Über den Cicero bin ich mit dem allgemeinen Urteile einstimmig, daß in seiner Seele, außer dem Wissenschaftlichen, eben nicht viel Vortreffliches zu holen war. Er war ein ganz guter Bürger, freundlich und dienstfertig, wie das gemeiniglich die spaßhaften Fettbäuche sind, zu denen er gehörte; er hatte aber auch in der Tat eine gar hübsche Portion von Weichlichkeit und hochfliegender Eitelkeit! Und ich weiß nicht, wie ich es entschuldigen soll, daß er seine Dichterei für wert genug gehalten hat, ans Licht zu kommen! Es ist keine so große Torheit an einem Menschen, wenn er schlechte Verse macht; Torheit aber ist's, wenn er nicht fühlt, wie sehr sie des Ruhms seines Namens unwürdig sind. Von seiner Beredsamkeit, glaub' ich, kann man sagen, sie habe nicht ihresgleichen gehabt und werde ihn schwerlich ein Mensch darin erreichen. Der junge Cicero, der von seinem Vater weiter nichts hatte als den Namen, war Kommandant in Asien. Eines Tages fanden sich bei seiner Tafel verschiedene Fremde ein und unter anderen Cestius, der sich unten ansetzte, wie man sich zuweilen bei offenen Tafeln der Vornehmen einflickt. Cicero erkundigte sich bei einem von seinen Leuten, wer das wäre. Dieser sagte ihm den Namen. Cicero aber, der mit seinen Gedanken anderwärts war und vergaß, was man ihm geantwortet hatte, tat ihm hernach dieselbe Frage noch ein paarmal. Der Bediente, um der Mühe enthoben zu sein, ihm eine Sache so oft zu wiederholen, und um ihm den Mann durch nähere Umstände kenntlicher zu machen, sagte: Es ist der Cestius, von dem man dir gesagt hat, daß er sich aus deines Vaters Redekunst eben nicht viel macht, weil er meint, er selbst sei ein großer Redner. Cicero, den das gleich auf der Stelle sehr mächtig verdroß, befahl, daß man sogleich den armen Cestius beim Leibe packe und ließ ihn in seiner Gegenwart gar weidlich ausstäupen. Das nenne ich einen unhöflichen Wirt!

Selbst unter denen, welche alles gut und seine Beredsam-

keit unvergleichlich gefunden haben, hat es gleichwohl
einige gegeben, die darin Fehler bemerkten; nannte sie
der große Brutus, sein Freund, eine lendenlahme, keifende
Beredsamkeit, fractam et elumbem. [Matt und schleppend.] Die Redner kurz nach seiner Zeit tadelten auch an
ihm den ängstlichen Periodenbau, womit er seine Sätze
schloß, und rügten die Worte: esse videatur [es scheint so],
die er so oft anbringt. Meinesteils liebe ich mehr die kurzen, in Jamben auslaufenden Kadenzen der Perioden. Zuweilen mischt er freilich auch härter klingende mit unter,
aber nur selten. Meinen Ohren ist folgende Stelle aufgefallen:

Ego vero me minus diu senem esse mallem, quam esse
senem, antequam essem.
[Lieber nicht lange alt sein, als früh und jung altern.]

Die Geschichtsschreiber machen den Ballen aus, daraus ich
am liebsten wähle, denn sie sind angenehm und faßlich,
und nebenher erscheint bei ihnen der Mensch im ganzen,
dessen Kenntnis ich am meisten wünsche, viel richtiger
nach dem Leben gezeichnet als irgendwo; die Verschiedenheit und Wahrheit seiner inneren Beschaffenheit, im allgemeinen sowohl als im besondern, die Mannigfaltigkeit
der Hilfsmittel, die er aus seiner Zusammensetzung zieht,
und die Zufälle, die ihn bedrohen. Nun aber greife ich darunter am begierigsten nach den Biographen, weil sie sich
länger bei den Ratschlägen aufhalten als bei den Begebenheiten, mehr bei dem, was aus dem Innern hervorspringt,
als was aus dem Äußern entsteht. Solche Bücher sind am
eigentlichsten für mich. Darin liegt es eben, warum so in

allem Betracht Plutarch mein Mann und Held ist. Es tut mir leid, daß wir nur einen Laertius und nicht noch ein Dutzend mehr haben, oder, daß er nicht länger ist oder nicht besser verstanden wird. Denn ich bin ebenso neugierig, die Begebenheit und das Leben dieser großen Erzieher der Welt kennenzulernen, als ihre verschiedenen Lehren und eigentlichen Meinungen. Über diese Art von Studium muß man ohne Unterschied alle Arten von alten und neuern Autoren durchblättern, in kauderwelscher oder in der Muttersprache, um darin die Sachen zu lernen, die sie, jeder auf seine Art, behandeln.

Ganz vorzüglich aber scheint mir Cäsar der Mühe wert, ihn recht zu studieren, nicht bloß der historischen Kenntnis wegen, sondern auch wegen seiner selbst; so hoch ragt er vor allen andern an Vortrefflichkeit und Vollkommenheit hervor, Sallust, unter diesen allen, selbst nicht ausgenommen. Im Ernste, ich lese diesen Autor mit mehr Respekt und Verehrung, als man Bücher, von Menschen geschrieben, zu lesen pflegt. Zuweilen in Rücksicht auf die Reinheit seiner selbst, in bezug auf seine Taten und auf die Wunderwerke seiner Größe; zuweilen in Rücksicht auf die Reinheit und unnachahmliche Politur seiner Sprache, welche nicht nur alle Geschichtsschreiber hinter sich zurückläßt, so wie Cicero andre, sondern den Cicero vielleicht selbst. Mit einer Aufrichtigkeit in seinen Urteilen, wenn er von seinen Feinden spricht, die falschen Farben beiseite gesetzt, womit er seine schlimme Sache und die pestilenzialische Ausdünstung seines Ehrgeizes verdecken will, daß ich der Meinung bin, man könne ihm in keinem andern Stücke etwas zur Last legen, als nur darin, daß er zu sparsam gewesen ist, von sich selbst zu reden, denn so viele große Dinge haben nicht ausgeführt werden können, ohne daß er nicht viel mehr dabei mitgewirkt haben sollte, als er seinen Lesern sagt.

Ich habe eine außerordentliche Vorliebe für die ganz schlichten und ganz vortrefflichen Geschichtsschreiber! Die schlichten, welche nichts von dem Ihrigen hinzutun, die sich nur darauf befleißigen, alles zu sammeln, was zu ihrer Kenntnis kommt, und alles, ohne weiteres Untersuchen und Richten, gewissenhaft aufzeichnen, überlassen uns völlig freies Urteil, um die Wahrheit aufzusuchen. So steht's ungefähr unter andern mit unserm ehrlichen Froissard, der mit einer solchen Treuherzigkeit bei seiner Geschichte zu Werke gegangen ist, daß, wenn er einen Fehler gemacht hat, er gar nicht ansteht, ihn zu berichtigen oder ihn zu widerrufen, sooft man ihn bei dieser oder jener Stelle darüber belehrt, und der uns selbst die Verschiedenheit der Berichte anzeigt, welche umherliefen, und die mancherlei widersprechenden Nachrichten, welche man ihm gab. Es ist die rohe, nackte, ungebildete Materie der Geschichte, ein jeder kann darüber arbeiten, nachdem er's versteht.

Die Meister in der Kunst der Historie verstehen die Wahl dessen, was wissenswert ist, und sind imstande, unter zwei Nachrichten die wahrscheinlichste zu wählen. Nach der Lage der Prinzen und nach ihrem Charakter schließen sie auf den Rat, den sie faßten, und legen ihnen schickliche Worte in den Mund. Sie haben recht, sich herauszunehmen, unsern historischen Glauben nach dem ihrigen zu bilden. Aber freilich ist das nur ein Privilegium einiger wenigen.

Diejenigen, welche zwischen diesen beiden Klassen in

der Mitte stehen (und derer sind die meisten), verderben uns den ganzen Handel. Sie wollen uns die Bissen vorkauen, sie machen sich's zum Gesetze, zu urteilen und folglich alles nach ihrem Dünkel zu beugen, denn da ihr Urteil nach einer Seite hängt, können sie sich nicht mehr hüten, die Erzählung nach dieser Seite hinzudrehen und zu wenden. Sie unternehmen es, unter den Sachen zu wählen, nur Dinge zu erzählen, die des Wissens wert sind, und verhehlen uns zuweilen, was dieser oder jener in seinem Privatleben gesagt oder getan hat, das uns besser unterrichten würde; wischen über Dinge als unglaublich hinweg, weil sie solche nicht verstehen, oder über andre, weil sie solche nicht in gutem Latein oder in ihrer Muttersprache zu sagen wissen. Möchten sie doch dreist ihre Beredsamkeit auskramen! Möchten sie immerhin selbst urteilen, aber sie müssen auch etwas lassen, worüber wir urteilen können, ohne uns vorgegriffen zu sehen. Sie müssen durch ihre Abkürzungen, durch ihre Auswahl die Materien nicht verändern, noch darüber als freie Herren schalten und walten. Sie müssen uns solche vielmehr rein und unverfälscht überliefern nach ihrer ganzen Länge, Dicke und Breite!

Am öftesten wählt man, besonders zu unsern Zeiten, Leute aus dem großen Haufen zum Amte eines Geschichtsschreibers, aus der einzigen Ursache, weil sie gut und sprachrichtig schreiben können, gerade als ob wir aus der Geschichte die Grammatik lernen wollten. Und diese Leute, da sie nur deswegen angestellt sind und sich nur fürs Schwätzen vermietet haben, tun ganz recht, sich auch um nichts weiter als um diesen ihren Dienst zu bekümmern. Daher flicken sie dann mit lauter hübschen Worten und Redensarten aus Gerüchten, die sie auf Gassen und Marktplätzen aufraffen, ein Ding für uns zusammen, das sie uns gerne für Geschichte aufheften möchten.

Die einzigen guten Geschichtsbücher sind diejenigen, welche von solchen Personen selbst geschrieben sind, die entweder die Begebenheiten selbst führten oder doch teil an ihrer Führung hatten oder wenigstens das Glück, Begebenheiten von ähnlicher Gattung zu regieren. Zu dieser Art gehören fast alle griechischen und römischen. Denn da viel Augenzeugen über einerlei Gegenstand schrieben (wie das in jenen Zeiten nicht selten geschah, wo Größe und Wissenschaft gewöhnlich beieinander waren), so müssen die Fehler, falls auch welche mit unterlaufen, nur höchst unbeträchtliche und sehr zweifelhafte Nebensachen betreffen. Was kann man sich von einem Arzte versprechen, wenn er vom Kriege handelt? Oder von einem bloßen Schulmanne, wenn er sich über Pläne der Fürsten ausläßt?

Wollen wir sehen, wie sehr die Römer um die Wahrheit der Geschichte besorgt waren, so bedarf es dazu nur dieses einzigen Beispiels. Asinius Pollio bemerkte sogar in der Geschichte Cäsars einige Unrichtigkeiten, worin er verfallen war, weil er die Augen nicht allenthalben hatte haben können und also Untergebenen geglaubt hatte, die ihm die Sachen nicht genau nach der Wahrheit berichteten, oder auch, weil ihm seine Stattverweser die Sachen, welche sie in seiner Abwesenheit ausgeführt, nicht pünktlich genug vorlegten. Hieraus kann man sehen, welch eine ganz eigne Sache es um die Untersuchung der Wahrheit sei, daß man sich nicht einmal auf die Erinnerung der Umstände einer Schlacht bei demjenigen sicher verlassen könne, der dabei als Oberbefehlshaber war, noch bei den Soldaten auf das, was um sie her vorfiel, wenn man nicht, nach Art und Weise der Gerichtshöfe, die Zeugen miteinander konfrontiert und die Punkte mit der sorgfältigsten Genauigkeit nach allen Nebenumständen aufnimmt. Wahrlich, die Kenntnis, die wir von unsrer Geschichte haben, ist ein groß Teil lockerer. Doch dies ist nach meinem Bedünken schon hinlänglich von Bodin bewiesen. Um dem Mangel meines Gedächtnisses zu Hilfe zu kommen und zur Abhelfung eines so wichtigen Fehlers, vermöge dessen es mir mehr als einmal begegnet ist, daß ich Bücher als neu zur Hand genommen, welche ich schon einige Jahre vorher sorgfältig durchgelesen und mit Noten bekleckst hatte, habe ich es mir seitdem zur Gewohnheit gemacht, am Ende eines jeden Buchs (versteht sich bei solchen, die ich öfter lesen will) die Zeit anzumerken, da ich es zu Ende gebracht habe, und dabei mein gelegentliches Urteil in Bausch und Bogen; damit es mir die Idee im allgemeinen wenigstens wieder zurückrufe, die ich beim Lesen vom Autor desselben gefaßt hatte.

Hier ist das, was ich vor ungefähr zehn Jahren in meinen Guicciardini schrieb (denn in welcher Sprache meine Bücher auch mit mir sprechen, ich spreche mit ihnen in meiner Muttersprache):

»Guicciardini ist ein fleißiger Historiograph, von dem man, nach meiner Meinung, die Wahrheit der Begebenheiten seiner Zeit ebenso zuverlässig lernen kann wie von irgendeinem andern. Dabei ist er auch in den meisten selbst als handelnde Person, und zwar von ansehnlichem Range, beschäftigt gewesen. Es ist kein Anschein vorhanden, daß er aus Haß oder Gunst oder Eitelkeit die Sachen verstellt habe, davon geben die freimütigen Urteile, die er

von den Großen fällt, Zeugnis, besonders von solchen Großen, durch welche er zu Ämtern und Ehrenstellen beför-
dert worden, wie z. B. von Papst Clemens dem Siebenten.
Was die Seite an ihm betrifft, worauf er sich am meisten
zu tun scheint, nämlich seine Abschweifungen und seine
eingeschalteten Urteile, so sind darunter einige sehr gute
und voller feiner Züge, aber er hat sich selbst darin sehr
gefallen. Denn, weil er alles erschöpfen will und dabei
eine so überreiche, ja fast unerschöpfliche Materie vor sich
hat, so wird er darüber ein wenig schlaff und verrät zuweilen Schulgeschwätz. Ferner habe ich bemerkt, daß, über
so viele Seelen, über so viele Taten, über so viele Begebenheiten und Beratschlagungen er urteilt, er doch niemals
auch nur eine der Tugend, der Religion oder dem Gewissen zuschreibt, als ob diese Sachen völlig in der Welt erlo-
schen wären. Und von allen Handlungen, sie mögen dem
Anschein nach noch so schön sein, sucht er den Grund in
verdächtigen oder eigennützigen Absichten. Man kann sich
unmöglich einbilden, daß unter diesen unzähligen Taten,
worüber er richtet, nicht wenigstens einige sein sollten, die
auf Vernunft und Tugend gegründet wären. So tief und
allgemein kann die Verderbtheit die Menschen nicht angesteckt haben, daß nicht etliche der pestartigen Seuche
entgangen wären! Dies bringt mir die Furcht bei, daß der
Fehler wohl ein wenig an seinem Geschmacke liegen könne und daß er wohl andre nach seiner eigenen Elle gemessen haben mag.«

In meinen Philipp de Comines schrieb ich folgendes:
»Man findet hier eine angenehme, liebliche Sprache, von
kunstlosem, aber kräftigem Ausdrucke; die Darstellung
ist rein, und man sieht darin die Unbefangenheit des Ver-

fassers deutlich hervorleuchten, ebenso frei von Eitelkeit, wenn er von sich selbst, als frei von Vorurteil und Neid, wenn er von andern spricht. Seine Betrachtungen und Ermahnungen sind mehr Geschöpfe des gutgemeinten Willens und der Wahrheit als irgendeines großen Genies, doch herrscht durch das Ganze eine Miene voll Ernst und Ansehen, die ihren Mann von guter Abkunft verrät, der zu großen Geschäften erhöht worden.«

Folgendes über die Memoiren der Herren du Bellay:

»Es ist immer ein Vergnügen, Sachen von solchen Männern aufgezeichnet zu sehen, die es versucht haben, wie man sie führen müsse; dabei aber kann man nicht leugnen, daß sich bei diesen Herren hier ein in die Augen fallender Abgang derjenigen Offenherzigkeit und Freiheit im Schreiben bemerken lasse, die aus den Alten von ihrer Gattung hervorleuchtet, wie bei Herrn de Joinville, in Diensten Ludwigs des Heiligen, Eginhardt, Kanzler Karls des Großen, und frischern Andenkens beim Philipp de Comines. Dies hier ist mehr eine gerichtliche Rede für den König Franz, entgegen und wider Kaiser Karl den Fünften, als eine Geschichte. Ich will nicht glauben, daß sie die Hauptmomente der Geschichte haben verstellen wollen; daß sie aber oft ihr Urteil über die Begebenheiten zu unserm Vorteile gedreht und gewendet und alles, was in ihres Herrn und Gebieters Leben nur so, so war, ausgelassen und vertauscht haben, das läßt sich als ein absichtliches Bestreben ihrer Profession gar nicht leugnen, wenn man auch nur auf die Zurücksetzung der Herren von Montmorency und Brion achtet, die von ihnen gänzlich übergangen sind. Ja, selbst Madame d'Estampes ist von ihnen nicht einmal genannt. Man kann geheime Handlungen unbemerkt hinschleichen

137

lassen, aber solche Dinge verschweigen, welche die ganze Welt weiß, und solche Sachen, welche öffentliche Wirkung hervorgebracht und dergleichen Folgen gehabt haben, das ist ein Fehler, der nicht zu entschuldigen steht. Kurz, um eine richtige Kenntnis von König Franz und den Begebenheiten, die sich zu seiner Zeit zugetragen, zu erlangen, wird man sich wohl anderwärts hinwenden müssen. Will man mir auf mein Wort glauben über das, was man hierbei mit Vorteil nutzen kann, so verweise ich auf die besonderen Deduktionen der Schlachten und Kriegsvorfälle, wobei diese Herren sich selbst befunden haben, auf solche Reden und Handlungen von einigen Prinzen, die nicht öffentlich zu ihrer Zeit bekannt wurden, und auf die feinen Wendungen und Unterhandlungen, welche der Herr de Langeay leitete, wo es eine Menge Dinge gibt, welche des Wissens wert sind und einen nicht gemeinen Geist verraten.«

PHILOSOPHIEREN HEISST
STERBEN LERNEN

Cicero sagt: Philosophieren sei nichts anderes als sich auf den Tod vorbereiten; das heißt ebensoviel als: Studieren und tiefe Betrachtungen versetzen gewissermaßen die Seele in eine höhere Sphäre und geben ihr eine unkörperliche Pflege, welches eine Art von Schule und Ähnlichkeit des Todes ist: oder es heißt auch soviel, daß alles Nachdenken, alle Weisheit dieser Welt sich endlich in dem einen Punkte auflöst, uns zu lehren, den Tod nicht zu fürchten. In der Tat, wenn die Natur nicht ihren Spaß mit uns treibt, so muß sie nach unserer Zufriedenheit trachten und mit aller ihrer Arbeit im ganzen dahin streben, daß wir ein gemächliches Leben führen mögen, in aller Ruh und Ehrbarkeit, wie die Heilige Schrift sagt. Alle Meinungen von der ganzen Welt sind darin einstimmig, daß Vergnügen unser Zweck sei, ob man gleich über die Mittel verschieden denkt, denn sonst brauchte es keines Suchens und Findens. Denn wer würde wohl denjenigen anhören, der Mißvergnügen und Schmerz für den Zweck unserer Arbeiten annähme? Die Uneinigkeiten der philosophischen Sekten über diesen Punkt liegen bloß in Worten.

Transcurramus solertissimas nugas.
[Weg mit dem feingesponnenen Klügeln!
                                    Seneca, Epist., 117.]

Sie hegen mehr Eigensinn und rechten mehr, als es einer so heiligen Profession geziemt. Jedoch, was für eine Rolle der

Mensch auch übernimmt, er spielt immer ein wenig mitunter von seinem eigenen Charakter.

Man sage, was man will, selbst bei der Tugend ist der letzte Zweck, auf den wir zielen, Wollust. Ich mache mir eine Freude daraus, den Herren dies Wort in die Ohren zu gellen, das ihnen so äußerst anstößig ist. Und wenn es den höchsten Grad des Vergnügens und den innigsten Selbstgenuß andeutet: so braucht man es besser von der Beiwirkung der Tugend als von irgendeiner anderen Beiwirkung. Diese Wollust ist dadurch, daß sie lebhaft, nervigt, stark und männlich ist, nur um so wollüstiger. Und *ihr* sollten wir den Namen des angenehmsten, süßesten und natürlichsten Vergnügens geben, nicht dem Vergnügen der Kraft der Gesundheit, wofür wir es gebrauchen. Die andere niedrige Wollust, wenn sie diese schöne Benennung verdiente, sollte nur als Mitwerberin der anderen so heißen, nicht ausschließenderweise. Ich halte die letztere für weniger frei von unbequemen Folgen und Querstrichen als die Tugend; und über dem noch, daß ihr Genuß sehr vorübergehend, flach und hinfällig ist, hat sie ebensowohl ihre Nachtwachen, ihr Fasten, ihre Arbeiten und ihren Schweiß bis aufs Blut; auch nebenher noch besonders so heftige Leiden und Schmerzen aller Art, und an ihrer Seite eine so schwerfällige Sattheit, daß man sie als Buße auflegen könnte. Wir haben groß Unrecht, dafür zu halten, daß ihre Unbequemlichkeiten ihr als ein Sporn dienen und als ein ihre Süßigkeit brechender Überzug (wie in der Natur an sich zwei widrige Sachen eine der anderen mehr Leben geben), und zu sagen, wenn wir auf die Tugend kommen, daß ähnliche Folgen und Schwierigkeiten solche belasten, sie streng und unzugänglich machen. Da solche doch hier weit eigentlicher als wie bei der niedrigen Wollust das göttliche und vollkommene Vergnügen, das sie uns gewährt, veredeln, verinnigen und erhöhen. Derjenige ist wahrlich ihrer Bekanntschaft unwürdig, der den Preis ihrer Früchte zu hoch hält und so wenig ihre Lieblichkeit noch ihren Nutzen kennt. Jene, welche uns predigen, ihre Erwerbung sei mühvoll und beschwerlich, ihr Genuß angenehm, was sagen sie uns dadurch anderes, als sie sei beständig unangenehm. Denn welches menschliche Mittel führt uns jemals zu ihrem Genusse? Die vollkommensten Menschen haben sich gern begnügt, danach zu ringen und sich ihr zu nähern, ohne zu ihrem Besitze zu gelangen. Aber sie betrügen sich, weil von allen Vergnügungen, die wir kennen, die Mühe, die sie uns kostet, selbst schon Vergnügen macht.

Ein Unternehmen führt schon etwas von der Eigenschaft der Sache bei sich, worauf es gerichtet ist; denn es ist ein wichtiger und wesentlicher Teil seiner Wirkung. Das Glück und Wohlbehagliche, was aus der Tugend hervorstrahlt, erfüllt ihren ganzen Tempel und alle seine Zugänge bis zum ersten Schritt und zu den äußersten Schranken. Nun ist aber die größte Wohltat der Tugend die Verachtung des Todes: ein Mittel, welches unserem Leben eine wohlbehagliche Ruhe verschafft und uns solches rein und behaglich genießen läßt, Genuß, ohne welchen keine Wollust stattfindet. Hier liegt der Grund, warum über diesen Artikel alle Regeln zusammentreffen und übereinstimmen; und wie sehr sie uns mit einhelligem Sinn dahin führen, Schmerz, Armut und andere zufällige Übel zu verachten, denen das menschliche Leben ausgesetzt ist: gleichwohl ist das doch nicht die Hauptsache. Teils weil diese Zufälle nicht durchgängig und bei allen zutreffen, die meisten

Menschen ihr Leben hinbringen, ohne in Armut zu geraten, und andere, ohne Schmerzen und Krankheiten zu empfinden, wie Xenophilus, der Musiker, der in vollkommener
Gesundheit hundertundsechs Jahre lebte; teils auch (und
ebensowohl) weil, wenn das Ärgste zum Argen kommt,
der Tod alles enden und den Faden, woran alle Widerwär-
tigkeiten hängen, durchschneiden kann, sobald wir nur
wollen: der Tod selbst aber unvermeidlich ist,

Omnes eodem cogimur, omnium
Versatur urna serius ocius
Sors exitura, et nos in aeternum
Exilium impositura cymbae.
[Uns alle mißt ein gleiches Maß. Für jeden wird die Urne ge-
schüttelt, für jeden der Reihe nach das Los gezogen, das
uns ins Schattenreich verbannt.

Horaz, Oden II, 3, 25]

und folglich, wenn er uns Furcht einjagt, dieses eine Ursach
unaufhörlicher Qual ist, die sich durch nichts lindern läßt.
Der Tod lauert auf uns in allen Ecken. Wir mögen unseren
Blick ohn' Unterlaß hier hinwenden und dorthin, wie in
einem verdächtigen Lande:

Quae quasi saxum Tantalo semper impendet.
[Der gleichsam wie des Tantalus Felsen immer über dem
Haupte schwebt.   Cicero, de finibus I, C. 18]

Unsere Kriminalrichter senden oft die Armensünder an den
Ort, wo sie das Verbrechen verübt haben, um daselbst ab-
getan zu werden: man führt sie auf dem Wege dahin durch

die prächtigsten Städte, durch die lieblichsten Gefilde und gibt ihnen das leckerste Essen und Trinken.

Non Siculae dapes
Dulcem elaborabunt saporem,
Non avium cytharaeque cantus
Somnum reducent.
[Der künstliche Koch kann für ihn nichts mehr schmackhaft zurichten; kein Lied der Vögel noch der Laute vermag mehr, ihn in Schlaf zu wiegen.   Horaz, Oden III, 1, 18]

Meint ihr, daß sie sich darüber freuen werden und daß die endliche Absicht ihrer Reise, die ihnen immerdar vor Augen liegt, ihnen nicht den Geschmack an allen den Herrlichkeiten verderben und verleiden werde?

Audit iter, numeratque dies, spatioque viarum
Metitur vitam, torquetur peste futura.
[Er macht des Wegs sich kundig, zählt die Tage der Reise und mißt die Länge seines Lebens nach dem Rest des Weges; und was ihn erwartet, macht jetzt schon seine Marterbank.   Claudius, in Ruf II, 137]

Das Ziel unserer Laufbahn ist der Tod: Er ist das unvermeidliche Mal unserer Richtung; wenn wir davor erschrekken, wie ist es möglich, einen Schritt weiter zu tun ohne Fieber? Das Mittel des einfältigen Haufens ist, nicht daran zu denken. Welche viehische Dummheit kann ihn in diese grobe Blindheit versetzen? Man muß ihn den Esel am Sturz aufzäumen lassen.

Qui capite ipse suo instituit vestigia retro.
[Der seinen Kopf nur auf den Hufschlag wendet.

Lukrez, IV, 474]

Es ist kein Wunder, wenn er so oft in die Schlinge fällt.
Man jagt diese Leutchen ins Bockshorn, wenn man den
Tod nur nennt; und die meisten kreuzen und segnen sich
davor, wie vorm leidigen Satan. Und weil in den Testamen-
ten seiner Erwähnung geschieht, so wartet nur nicht darauf, daß sie früher Hand daran legen, als bis ihnen der
Arzt den letzten Ausspruch tut. Und dann weiß es der liebe
Gott, was sie unter Schmerz und Angst für einen vernünftigen letzten Willen zusammenkneten.

Weil diese Silbe dem Ohr der Römer zu rauh klang und
sie das Wort von unglücklicher Vorbedeutung deuchte, so
hatten sie gelernt, es zu mildern oder zu umschreiben. Anstatt zu sagen: Er ist tot, sagen sie: Er hat aufgehört zu leben, er hat gelebt. Wenn's nur wie Leben klingt, ob's gleich
dahin ist, so sind sie schon zufrieden. Wir, die wir den Tod
so gut scheuen als andere, tun gleichwohl so, als ob wir den
Verstorbenen glücklich preisen; daher unser »*seliger*« Johann! Das ist ungefähr soviel, als wenn man sprichwört-
lich sagt: Wasch mir den Pelz, aber mach ihn nicht naß!

Ich ward geboren zwischen elf und zwölf Uhr des Mit-
tags, den letzten Februar 1533, nach unserer jetzigen Zeit-
rechnung, da wir das Jahr mit dem Januar beginnen. Es
sind gerade fünfzehn Tage her, daß ich mein neununddrei-
ßigstes Jahr zurückgelegt habe, und mir gebühren also wenigstens noch ebenso viele. Indessen wäre es doch töricht,
einer so entfernten Sache überhaupt nicht zu gedenken.
Wieso? Junge und Alte verlassen das Leben, der eine wie

die anderen. Keiner geht anders hinaus, als ob er soeben hineingetreten wäre; dazu kommt noch, daß jeder Mensch – er sei noch so hinfällig –, solang er nicht den Methusalem eingeholt hat, nicht denken sollte, die nächsten zwanzig Jahre geht's noch! Noch mehr! Wer hat dir armem Narren die Länge deines Lebens versichert? Du verläßt dich auf die Märchen der Ärzte: Sieh vielmehr auf Tat und Erfahrung. Nach dem ordentlichen Gang der Dinge ist's ein großer Glücksfall, daß du noch einen Fuß vor den anderen setzt. Du hast die Grenzsteine des Lebens überschritten. Meinst du nicht? Nun, so zähle, wie viele unter deinen Bekannten mehr waren, die vor deinem Alter starben, als deren, die es erreichten. Und selbst, wenn du ein Verzeichnis von allen denen aufnehmen willst, die ihr Leben durch rühmliche Taten verherrlicht haben, so will ich eine Wette eingehen, daß sich mehr darunter finden werden, die vor, als deren, die nach fünfunddreißig Jahren gestorben sind.

Es ist der Vernunft wie der Frömmigkeit höchst angemessen, von der menschlichen Natur Jesu Christi selbst ein Beispiel zu nehmen. Wohl! Er starb mit dreiunddreißig Jahren. Der größte unter den Menschen, in bloßer Rücksicht als Mensch, Alexander, starb ebenfalls in demselben Alter. Wie unzählbarerweise verändert der Tod die Art seines Überfalles!

Quid quisque vitet, numquam homini fatis
Cautum est in horas.
[Wie könnte der Mensch sich sicher stellen! Nie reicht seine Fürsicht hin gegen das, was *eine* Stund' ihm bringen kann.   Horaz, Oden II, 13, 13]

Ich tue der Fieber und Seitenstiche keine Erwähnung. Nur, wer hätte je gedacht, daß der Herzog von Bretagne im Gedränge erstickt werden würde, wie es ihm beim Einzug des Papstes Clemens, meines Nachbarn, in Lyon widerfuhr? Hast du nicht einen unserer Könige beim Spiel sterben gesehen? Und starb nicht einer seiner Vorfahren davon, daß ihn ein Schwein umrannte? Äschylus war wahrsagerisch gewarnt worden, sich vor dem Einsturz eines Hauses zu hüten; was half's ihm, daß er sich vor jedem alten Hause in acht nahm? Ein Schildkrötenhaus erschlug ihn, das ein Adler aus der Luft fallen ließ. Anakreon starb an einem Weinbeerkerne. Ein Kaiser schrammt sich mit einem Zahn vom Kamm, da er sein Haar scheitelt, und stirbt daran; Aemilius Lepidus daran, daß er sich mit dem Fuß gegen die Schwelle seines Zimmers gestoßen; und Aufidius, daß er an die Tür des Saales anrannte, worin er geheimen Rat hielt. Als sie ein Weib erkannten, starben Cornelius Gallus, Prätor; Tigellinus, Hauptmann der Scharwache in Rom; Ludwig, Sohn des Guy de Gonzaga, Marquis von Mantua; und Speusippus, ein Platoniker, wie auch einer unserer Päpste gaben noch skandalösere Beispiele. Der arme Bebius, ein Richter, während er einer Partei eine achttägige Frist bewilligt, wird ergriffen und seine Lebensfrist war verstrichen; und Gaius Julius, der Arzt: als er eben die Augen eines Kranken salbte, kommt der Tod und drückt ihm die seinigen zu. Und wenn ich einen meiner Brüder, den Kapitän St. Martin, mit in die Reihe stellen darf, der dreiundzwanzig Jahre alt war und schon manchen Beweis von Tapferkeit abgelegt hatte: ihm flog beim Ballspiel ein Ball an den Kopf, der ihn ein wenig über dem rechten Ohr traf, ohne daß das mindeste Zeichen von Wunde oder Quetschung zu sehn war, und er hörte auch nicht einmal darum auf zu spielen. Fünf oder sechs Stunden nachher aber starb er am Schlage, der eine Folge des Wurfes war.

Da so häufige und gewöhnliche Exempel vor unseren Augen vorfallen, wie ist es dann möglich, daß man sich der Gedanken an den Tod entschlagen kann und daß es nicht alle Augenblicke scheine, als habe er uns beim Kragen gepackt! Was tut's, sagt ihr, ob's so oder anders zugehe, genug, wenn man sich damit nur nicht peinigt? Ihr habt recht, sag ich, und auf welche Weise man sich vor Streichen in Sicherheit setzen kann, sollte man auch in eine Kalbshaut kriechen, so bin ich der Mann nicht, der sich lange bedenken würde, denn ich mag gern in heiler Haut schlafen und das beste Spiel, das ich mir geben kann, nehm ich; laß übrigens mein Leben so wenig rühmlich und exemplarisch sein, als man will.

Praetulerim ... delirus inersque videri,
Dum mea delectent mala me, vel denique fallant,
Quam sapere et ringi.
[Mag man lieber mich für toll und träge halten (wenn mir dabei nur behaglich ist und ich nur die Übel nicht kenne) als wenn ich weise wär' und immer ängstlich.
                                    Horaz, Epist. II, 2, 126]

Aber Torheit wär's zu denken, damit frei durchzukommen! Man geht, man kommt, man springt, man tanzt, vom Tode hört man kein Wort. Alles recht gut! Aber kommt er dann auch zu ihnen selbst oder zu ihren Weibern, Kindern und Freunden und überrascht sie unter welcher Gestalt er mag, was setzt es da nicht für Not und Elend, was für ein Geheule, was für Wut, welche Verzweiflung! Habt ihr jemals etwas so Niedergeschlagenes, so Verändertes, so Verwirrtes gesehn? Man muß sich früher darauf gefaßt machen: diese viehische Sorglosigkeit, wenn sie sich in den Kopf eines denkenden Menschen nisten könnte, welches ich doch für ganz unmöglich halte, verkauft uns ihre Ware viel zu teuer. Wär's ein Feind, dem man ausweichen könnte, ich würde anraten, einer alten Memme ihre Waffen abzuborgen. Weil das aber nicht tunlich ist, weil er euch erhascht, ihr möget feig sein oder fliehn oder tapfer sein und Fuß halten,

Nempe et fugacem persequitur virum
Nec parcit imbellis juventae
Poplitibus timidoque tergo,
[Denn er verfolgt auch den fliehenden Mann; verschont nicht des schwachen Jünglings, der ihm zitternd den Rükken beut.]

[Horaz, Oden III, 2, 14]

und weil auch der bestgehärtete Brustschild nicht deckt,

Ille licet ferro cautus se condat et aere,
Mors tamen inclusum protahet inde caput,
[Mag er auch klüglich dein Haupt mit Stahl und Erz bedekken, der Tod wird's doch aus dieser Veste zu reißen verstehn.   Properz, III, 18, 25]

so laßt uns lernen, mit ihm Schritt zu halten und nicht Reißaus zu nehmen. Und um damit anzufangen, ihm seinen großen Vorteil über uns abzugewinnen, müssen wir eine der gewöhnlichen ganz entgegengesetzte Methode einschlagen. Benehmen wir ihm das Fremde, machen wir seine Bekanntschaft, halten wir mit ihm Umgang und lassen uns nichts so oft vor den Gedanken vorbeieilen als den Tod. Halten wir ihn alle Augenblicke unserer Einbildung vor, und zwar unter allen seinen Gestalten.

Beim Stolpern eines Pferdes, beim Sturz eines Dachziegels, beim geringsten Stich einer Stecknadel laß uns gleich denken: Je nun, wenn's nun der Tod selbst wäre? Und dann laß uns flugs die Zähne zusammenbeißen und die Sehnen straff anziehn! An fröhlichen Festen, bei den lautesten Freuden laß uns den Sinnspruch nicht aus dem Gedächtnis fallen, der uns an unser Ziel erinnert; und müsse uns kein Genuß so hinreißen, daß uns nicht zuweilen dabei einfallen sollte, auf wie mancherlei Art diese unsere Fröhlichkeit dem Tode bloßgestellt ist. So machten's die Ägypter, welche mitten bei ihren Gastmahlen und Schmäusen ein Knochengerippe herbeibringen ließen, um den Gästen zur Erinnerung zu dienen.

Omnem crede diem tibi diluxisse supremum,
Grata superveniet, quae non sperabitur hora.
[Jeden Tag, der dir erscheint, halt immer für den letzten; lieblich ist die Stunde, die über dein Hoffen kommt.

Horaz, Epist. I, 4, 13]

Es ist ungewiß, wo uns der Tod erwartet; erwarten wir ihn also allenthalben! Sinnen auf den Tod ist Sinnen auf Freiheit. Wer sterben gelernt hat, versteht das Dienen nicht mehr. Für den hat das Leben kein Übel mehr, der die Wahrheit einsieht; das Leben aufgeben ist kein Übel. Zu sterben wissen, das befreit uns von aller Lehnspflicht und von jedem Zwange. Paulus Aemilius antwortete demjenigen, den der unglückliche König von Mazedonien, sein Gefangener, an ihn sandte, um ihn zu bitten, er möchte ihn doch in seinem Triumphe nicht aufführen: Diese Bitte muß er sich selbst tun. In der Tat, wenn in allen Dingen die Natur nicht ein wenig forthilft, so werden Kunst und Fleiß es schwerlich allein ausmachen und fortkommen. Ich bin von Haus aus nicht melancholisch, sondern nur Grübler; mit nichts hab' ich mich in meinem Leben mehr abgegeben als mit dem Nachdenken über den Tod, selbst in meinem ausgelassensten, flüchtigsten Alter,

»Jucundum cum aetas florida ver ageret,«
[Im fröhlichen Lenz meiner blühenden Jahre
Catull, LXVIII, 16]

beim schönen Geschlecht und beim Spiel. Mancher glaubte, ich beschäftigte mich mit eifersüchtigen Grillen oder mit der Ungewißheit irgendeiner Hoffnung, unterdessen ich, ich weiß nicht, an wen ich dachte, der in den vergangenen Tagen mit einem hitzigen Fieber befallen oder aus der Welt gegangen war, da er eben eine ähnliche Lustbarkeit verlassen hatte, den Kopf angefüllt von Müßiggang, Liebe und fröhlichen Tagen, wie ich; und daß mir eben solche Zufälle um die Ohren schwebten.

Jam fuerit, nec post unquam revocare licebit.
[Sie sind dahin und kehren auf kein Flehn zurück.
Lukrez, III, 928]

Dieser Gedanke wirkte nicht mehr Falten auf meine Stirne als ein anderer. Es ist nicht anders möglich; anfangs müssen die Stiche einer solchen Einbildung ein wenig prickeln; in der Länge aber macht man sich durch Streicheln und Patscheln gewiß klein; sonst müßte ich für mein Teil in ewiger Angst und ewigem Wahnsinn leben; denn kein Mensch traut seinem Leben weniger, kein Mensch rechnet weniger auf seine Dauer als ich. Ebensowenig läßt mich die Gesundheit, deren ich bis jetzt eine sehr feste und wenig unterbrochene genossen habe, auf ein langes Leben hoffen, als mich meine Krankheiten ein kurzes fürchten lassen. Jede Minute deucht mich, meine Stunde schlage. Und ich sage und singe mir beständig vor: Alles, was eines Tages geschehn kann, kann noch heute geschehn. Wirklich bringen Zufälle und Gefahren uns dem Tode um wenig oder gar nichts näher; und wenn wir bedenken, wie viele Millionen anderer, außer dem einen Zufalle, der uns am meisten zu drohn scheint, noch über unserem Haupte schweben, so werden wir finden, daß uns der Tod gleich nahe ist, im Tanzsaal oder auf dem Krankenlager, auf dem Meere oder in unserem Hause, in der Feldschlacht oder auf dem Ruhebett.

Nemo altero fragilior est, nemo in crastinum sui certior.
[Niemand ist reifer zum Grabe als der andere, und keiner kann sicherer den folgenden Tag sein nennen.
                                        Seneca, Epist. 91]

Zu allem, was ich noch vor meinem Tode zu beschicken habe, scheint mir's, als ob ich wenig Muße übrig habe, und erforderte es auch nur eine Stunde Zeit.

Jemand, der vor einigen Tagen in meiner Schreibtafel blätterte, fand eine Note über eine Sache, die ich nach meinem Tode bestellt haben wollte. Ich sagte ihm, wie es denn auch wahr war: Weil ich nur eine halbe Meile von meinem Hause entfernt sei und mich munter und wohl befände, habe ich geeilt, da auf der Stelle meinen Willen niederzuschreiben, da ich nicht sicher wisse, ob ich wieder nach Hause kommen werde. Wie jemand, der seine Gedanken unaufhörlich mit sich herumträgt und beständig darüber brütet, bin ich jede Stunde darauf vorbereitet, wie's mit mir werden kann, und der Besuch des Todes soll mich an nichts Neues erinnern. Man muß beständig, soviel an uns liegt, gestiefelt und zur Abreise gerüstet sein und vor allen Dingen sich hüten, daß man alsdann an nichts anderes zu denken habe als an sich selbst.

Quid brevi fortes jaculamus aevo
Multa?
[Warum stecken wir bei so kurzen Kräften uns ein so weites Ziel?   Horaz, Oden II, 16, 17]

Denn daran werden wir, ohne andere Weitläuftigkeiten, genug zu tun haben. Der eine beklagt sich darüber mehr als über den Tod selbst, daß er ihn im Laufe eines glorreichen Weges unterbricht; der andere, daß er davon muß, bevor er seine Tochter verheiratet oder die Erziehung seiner Kinder vollendet habe; dieser hier beklagt den Verlust des Umgangs mit seiner Gattin, der dort mit seinem Sohne als Dinge, die hauptsächlich zu seinem Wesen gehören. Ich bin, Gott sei Dank, für jetzt in solchen Umständen, daß ich meine sterbliche Hütte verlassen kann, wann es ihm gefällt, ohne irgend etwas zu bedauern. Ich mache mich los von allen Banden; mit meinem Abschiede von allem ist es bald getan, ausgenommen von mir selbst. Kein Mensch hat sich mehr darauf bereitet, die Welt reiner und williger zu verlassen, und hat sich völliger derselben entschlagen, als ich nach meiner Erwartung tun werde. Die totesten aller Toten sind die gesundesten.

Miser! O miser (aiunt) omnia ademit
Una dies infesta mihi tot praemia vitae.
[Ach Weh, wir Armen! (sagen sie) Uns hat ein einziger Unglückstag der Güter und Freuden viel geraubt!
                                                    Lukrez, III, 911]

Und der Baulustige:

Pendent (dicit) opera interrupta, minaeque
Murorum ingentes.
[Da ruht der Bau, der Mauern drohende Höh' bleibt unvollendet.   Vergil, Aen. IV, 88]

Man muß sich kein Werk von so langer Dauer vorsetzen, oder wenigstens nicht mit dem leidenschaftlichen Wunsche, es zu Ende gebracht zu sehn. Wir sind dazu geboren, wirksam zu sein:

Cum moriar, medium solvar et inter opus.
[Ich wünsche, daß der Tod in reger Tätigkeit mich finde.
                                                    Ovid, Amor II, 10, 36]

Ich will wohl, daß man tätig sei, daß man die Pflichten des Lebens so weit ausdehne, wie man kann; und daß der Tod mich dabei antreffe, daß ich meinen Kohl pflanze, aber gleichgültig über seinen Zuspruch und noch mehr darüber, daß mein Garten nicht völlig in Ordnung ist. Ich sah jemand sterben, der in seinen letzten Zügen sehr kläglich darüber tat, daß sein Schicksal beim fünfzehnten oder sechzehnten unserer Könige den Faden der Geschichte abriß, die er unter den Händen hatte.

Illud in his rebus non addunt, nec tibi earum
Jam desiderium rerum super insidet una.
[Sie fügen aber nicht hinzu, daß in dergleichem Falle dir kein Wunsch solcher Sachen übrigbleiben werde.

Lukrez, III v. 913]

Dieser gemeinen und schädlichen Laune muß man müßig gehn. Gerade so, wie man unsere Kirchhöfe dicht bei den Kirchen angelegt hat und an den Plätzen der Stadt, wo das meiste Gehn ist: um, wie Lykurg sagt, das gemeine Volk, Weiber und Kinder, zu gewöhnen, vor dem Anblick eines toten Menschen nicht zu erschrecken, und damit die immerwährende Schau von Beinhäusern, Grabstätten und Leichenzügen uns an unseren Zustand erinnere.

Quin etiam exhilarare viris convivia caede
Mos olim, et miscere epulis spectacula dira,
Certantum ferro, saepe et super ipsa cadentum
Pocula, respersis non parco sanguine mensis.
[Daher auch war es bei den Männern des Altertums Sitte, bei ihren Gastmahlen sich an blutigen Schauspielen zu be-

lustigen und beim fröhlichen Schmause dem schrecklichen
Kampf der Fechter zuzusehen, die oft, an ihren Wunden
sterbend, unter die gefüllten Becher hinstürzten und die Tafel mit Strömen von Blut benetzten.

Silius Italicus, XI, v. 51]

Und wie die Ägypter bei ihren Gastmahlen den Gästen ein
großes Bild des Todes zeigen ließen, wobei jemand ausrief:
Trink und sei fröhlich, denn einst bist du wie dieser.

Ebenso habe ich mir's zur Gewohnheit gemacht, nicht
nur den Tod beständig in Gedanken, sondern auch auf der
Zunge zu haben. Und nach keiner Sache erkundige ich mich
so gern wie danach, wie ein Mensch gestorben ist: nach
seinen letzten Worten, Mienen und Gebärden, die er dabei gemacht hat. Kein Zug in einer Geschichte zieht meine Aufmerksamkeit mehr auf sich, und die häufigsten Beispiele, womit ich dies Kapitel spicke, zeigen, wie sehr ich
dieser Materie gewogen bin.

Wäre ich ein Büchermacher, ich machte ein Register
mit Noten von den verschiedenen Arten zu sterben, welche die Menschen lehren sollten zu sterben, sie lehren sollten zu leben. Dicäarch machte eins mit ähnlichem Titel,
aber in anderer und weniger nützlicher Absicht. Man wird
mir sagen: Die Wirklichkeit lasse den Vorsatz weit hinter
sich zurück, und der beste Kontrafechter vergesse den Gebrauch des Papiers, wenn's mit der Spitze gilt; aber laßt
sie sagen! Es ist dennoch gut Ding um die Schule; sie gibt
eben wohl große Vorteile. Denn ist es nicht schon viel,
daß man wenigstens seinem Gegner ohne Scheu und ohne
Fieberwallung unter die Augen tritt? Das ist's aber nicht
allein, die Natur selbst reicht uns die Hand und gibt uns

Mut. Ist's ein schneller und gewaltsamer Tod, so haben wir keine Zeit, ihn zu fürchten; ist er anders, so merke ich, daß, so wie ich nach und nach mit der Krankheit ringe, ich natürlicherweise gleichgültiger gegen das Leben werde. Ich finde, daß ich mehr Mühe habe, den Entschluß zu sterben, in Saft und Blut zu verdauen, wenn ich gesund bin, als dann, wenn mich das Fieber schüttelt. Um so weniger ich an den Gütern des Lebens klebe, weil ich den Gebrauch davon zu verlieren anfange und sie mir kein Vergnügen mehr gewähren, um so weniger schreckhaft wird mir der Anblick des Todes. Das läßt mich hoffen, daß ich, je mehr ich mich von jenem entferne und diesem nähere, ich um so leichter mit dem Tauschhandel zurechtkommen werde.

Ebenso wie ich bei vielen anderen Gelegenheiten versucht habe, was Cäsar sagt, daß ein Ding von weitem so viel größer aussieht, als in der Nähe: So hab' ich auch gemerkt, daß ich bei gesunden Tagen viel größere Scheu vor Krankheiten gehabt habe, als wenn ich an einer oder der anderen daniederlag. Meines Lebens Fröhlichkeit, Vergnügen und Kräfte lassen mich den entgegengesetzten Zustand so überwiegend bös finden, daß meine Einbildung mir die Ungemächlichkeiten um die Hälfte vergrößert und ich solche für schwerer halte, als ich sie wirklich fühle, wenn ich sie einmal auf den Schultern habe; mit dem Tode, hoffe ich, soll es mir ebenso begegnen. Aus den gewöhnlichen Veränderungen und Abwechslungen, die mit uns vorgehen, läßt uns wahrnehmen, wie die Natur uns unsere Abnahme und unser Hinschwinden verbirgt. Was bleibt einem Greise von seinen Jugendkräften und seinem vergangenen Leben übrig?

Heu senibus vitae portio quanta manet?
[Ach, wie wenig bleibt dem Greise
Von seinem Teil am Leben übrig!
    Gallus Maximianus oder Pseudo-Gallus, Eleg. I, v. 16]

Cäsar antwortete einem Soldaten von seiner Leibwache,
der ganz alt und stumpf war und ihn auf der Gasse um seinen Abschied bat, um sich zum Tode anzuschicken, scherz-
hafterweise, indem er sein kümmerliches Wesen betrach-
tete: Wähnst du denn, daß du noch lebst? – Wenn man
auf einmal hineinverfiele, so glaube ich nicht, daß man
vermögend wäre, eine solche Veränderung auszuhalten;
allmählich aber an ihrer Hand von einer sanften und fast
unmerklich abschüssigen Höhe geführt, setzt uns die Natur in diesen elenden Zustand und macht ihn uns heim-
lich; so daß wir keinen Stoß spüren, wenn die Jugend in
uns erstirbt, welches im wesentlichen und in Wahrheit ein
härterer Tod ist als der völlige Tod eines siechen Lebens
oder des grauen Alters. Um ebensoviel, wie der Sprung
vom Übelsein zum Nichtsein leichter ist als vom Behag-
lich- und Blühendsein zum Sein voll Pein und Schmerzen.
Der gebeugte und erschlaffte Körper hat weniger Stärke,
eine Last zu tragen; ebenso ist's mit unserer Seele. Man
muß sie gewöhnen und abrichten gegen die Anfälle dieses
Gegners. Denn weil es unmöglich ist, daß sie sich in Ruhe
setze, solange sie sich vor ihm fürchtet, so kann sie auch,
wenn sie ihm beherzt entgegentritt, sich rühmen (welches
gleichsam über die Kräfte der Menschheit geht), es sei unmöglich, daß weder Unruh, Qual und Furcht noch das geringste Mißvergnügen bei ihr Herberge finde.

Non vultus instantis tyranni
Mente quatit solida, neque Auster,
Dux inquieti turbidus Adriae,
Nec fulminantis magna Jovis manus.
[Nicht der dräuende Blick des Tyrannen noch der stür-
mende Südwind, der das Adriatische Meer peitscht, noch
selbst die furchtbare Hand des donnerschleudernden Jupi-
ter: Nichts kann seinen festen Mut erschüttern.

Horaz, Oden, III, 3, 3]

Sie ist erhoben zur Herrscherin über ihre Leidenschaften
und Begierden, zur Herrin über Dürftigkeit, Schande, Armut und alle übrigen Faustschläge des Glücks. Jage diesen Vorteilen nach, wer nur immer kann! Hierin liegt die
wahre und höchste Freiheit, die uns in den Stand setzt, der
Gewalt und dem Unrecht Schnippchen zu schlagen und
über Gefängnis und Fesseln hohnzulachen.

in manicis, et
Compedibus, saevo te sub custode tenebo.
Ipse Deus, simul atque volam, me solvet: opinor,
Hoc sentit, moriar. Mors ultima linea rerum est.
[Ein grimmer Scherge soll dich an Händ' und Füßen fes-
seln! Nun, so wird (ein) Gott selbst mich befreien, sobald
ich will, sprach er – Das heißt: sterben, denn aller Dinge
äußerste Grenze ist der Tod.

Horaz, Epist. I, 16, 76]

Unsere Religion hat sich auf keinen sichereren menschlichen Grund gestützt als auf die Verachtung des Todes.
Nicht bloß, daß uns vernünftiges Nachdenken und Schlie-

ßen darauf hinführt, denn warum sollten wir eine Sache zu verlieren fürchten, welche verloren nicht bedauert werden kann? Sondern auch: weil wir von so mancherlei Art des Todes bedräut werden, fahren wir denn nicht ärger dabei, alle zu fürchten, als nur eine zu leiden? Was kümmert uns das Wann, da es nicht zu vermeiden steht? Als man zu Sokrates sagte: Du bist von den dreißig Tyrannen zum Tode verdammt, versetzte er: Und sie von der Natur!

Welche Dummheit, uns zu plagen über den Punkt des Übergangs zur Befreiung von aller Plage. Wie unsere Geburt die Geburt aller Dinge für uns ward, so wird der Tod aller Dinge für uns unser Tod sein. Deswegen ist es gleiche Torheit, darüber zu weinen, daß wir über hundert Jahre nicht mehr leben werden, als darüber, daß wir vor hundert Jahren noch nicht lebten. Der Tod ist Anfang eines neuen Lebens: Ebenso weinten wir, ebenso ward es uns peinlich, in dieses unser gegenwärtiges Leben zu treten, und ebenso legten wir unsere alte Hülle ab, als wir eintraten. Einmal ist keinmal, sagt das Sprichwort. Ist es also vernünftig, sich so lange vor einer Sache zu fürchten, die so kurz dauert? Lange Zeit leben und kurze Zeit leben wird durch den Tod ganz einerlei. Denn lang und kurz mißt keine Dinge, die nicht mehr sind.

Aristoteles sagt, es befinden sich am Flusse Hispanis kleine Insekten, die nur einen Tag leben. Dasjenige, welches um acht Uhr morgens stirbt, stirbt in seiner Jugend; welches abends fünf Uhr stirbt, stirbt vor Altersschwachheit. Wer von uns spottet nicht, wenn er ein Gewicht von Glück und Unglück auf den Unterschied dieser Lebenslängen legen hört? Das Mehr oder Weniger in dem unsrigen, verglichen mit der Ewigkeit oder auch mit der Dauer der

Berge, der Flüsse, der Gestirne, der Bäume oder selbst nur mit einigen Tieren, ist nicht minder lächerlich. Aber, sagt ihr, die Natur zwingt uns dazu! Geht aus dieser Welt, sagt sie, wie ihr hineingekommen seid. Den nämlichen Weg, auf welchem ihr vom Tode zum Leben wandeltet, wandelt ihr wieder ohne Furcht und Grauen zurück, vom Leben zum Tode. Euer Tod ist ein Stück aus der Ordnung des Weltalls, es ist ein Stück von dem Leben der Welt.

Inter se mortales mutua vivunt,

––––––––––––

Et quasi cursores vitae Lampada tradunt.
[Die Sterblichen wechseln unter sich ab. Und die Lebensfackeln gehen von Hand zu Hand, wie unter den Wettrennern bei den heiligen Gebräuchen.   Lukrez, II, v. 75-78]

Soll ich etwa, euch zu gefallen, den herrlichen Zusammenhang der Dinge stören? Der Tod ist Bedingung euerer Schöpfung; ist ein Teil eueres eigenen Wesens; ihr flieht vor euch selbst. Das Dasein, das ihr genießt, ist ein gemeinschaftliches Eigentum des Todes und des Lebens; der Augenblick euerer Geburt ist der Anfang eueres Weges, der sowohl zum Sterben leitet als zum Leben.

Prima, quae vitam dedit, hora, carpsit.
[Die erste Stunde, die uns das Leben gab, nahm uns des Lebens erste Stunde.   Seneca, Hercul. fur. act. III, v. 874]

Nascentes morimur, finisque ab origine pendet.
[Weil wir geboren worden, sterben wir. Das Ende faßt den Anfang.   Manilius, Astron. IV, 16]

Alles, was ihr euch vom Leben zueignet, das entwendet ihr der allgemeinen Masse des Lebens und nehmt's auf allgemeine Kosten. Das Werk eures Lebens ist, euren Tod zu bauen. Ihr seid im Tode, während daß ihr im Leben seid; oder, wenn ihr's lieber so wollt, ihr seid tot nach dem Leben. Während des Lebens aber seid ihr im Sterben begriffen; und das Sterben fällt dem Sterbenden unendlich schwerer, ist ihm wesentlicher hart und drückend als dem Toten. Habt ihr euer Leben genutzt, so seid ihr gesättigt: steht zufrieden auf und wandelt heim!

Cur non ut plenus vitae conviva recedis?
[Warum willst du nicht lebenssatt aufstehen vom Gastmahl des Lebens?   Lukrez, III, v. 951]

Habt ihr nicht verstanden, es zu gebrauchen, so war es euch unnütz? Was kümmerts euch dann, es verloren zu haben! Wozu wollt ihr es ferner behalten?

Cur amplius addere quaeris
Rursum quod pereat male, et ingratum occidat omne?
[Warum begehrst du noch größeren Teil zum Leben, den du abermals mit Widerwillen verlieren und ungenossen wie das Ganze töten würdest?   Lukrez, III, v. 954]

Das Leben ist an sich weder ein Gut noch ein Übel. Es ist der Raum des Guten und des Übels, je nachdem, was ihr hineinlegt. Und wenn ihr einen Tag gelebt habt, so habt ihr alles gesehen; ein Tag ist gleich allen übrigen Tagen. Es gibt keine andere Tageshelle, kein anderes Nachtdunkel. Diese Sonne, dieser Mond, diese Gestirne, diese Ein-

richtung ist alles gerade noch so, wie es eure Großväter genossen und wie es eure Enkel befinden werden.

Non alium videre patres: aliumve nepotes
Aspicient.
[Keinen andern haben die Väter,
Keinen andern sehn die Enkel.   Manilius, I, v. 529]

Und wollt ihr's ja scharf nehmen, so gehn doch alle Akte
und Auftritte meines Schauspiels nicht über ein Jahr hinaus. Wofern ihr auf den Reihentanz meiner vier Jahreszei-
ten achtgegeben, so habt ihr gesehen, daß sie die Kindheit,
die Jünglingsjahre, das männliche Alter und das höchste
Alter umfassen. Der Tanz hat die Reihe rund gemacht, und
bleibt nichts übrig, als wieder von vorn anzufangen. So
geht's immer seinen schlichten Gang fort.

Versamur ibidem, atque insumus usque.
[Wir drehen um einen Punkt und bleiben immer im Kreise.
                                          Lukrez, III, v. 1093]

Atque in se sua per vestigia volvitur annus.
[Auch so das Jahr, stets läuft's dieselbe eigene Bahn.
                                          Vergil, Georg. II, 402.]

Ich bin nicht gesonnen, auf neuen Zeitvertreib für euch zu
denken.

Nam tibi praeterea quod machiner, inveniamque
Quod placeat, nihil est, eadem sunt omnia semper.
[Ich weiß nichts Neues mehr für dich zu erfinden, noch

162

neue Freudenwege dir zu bahnen. Alles ist und bleibt dasselbe.   Lukrez, III, v. 957]

Macht auch ihr anderen Platz, wie andere euch Platz gemacht haben. Gleichheit ist eine Hauptstütze der Billig-
keit. Wer hat sich zu beklagen, wenn gleichen Brüdern gleiche Kappen zugeschnitten sind? Übrigens lebt solange ihr
wollt, ihr werdet doch von der Zeit nichts abdingen, die
ihr tot, das heißt, nicht sein müßt; in diesem Zustand, den
ihr scheut, werdet ihr ebensolang bleiben, als ob ihr schon
in der Wiege gestorben wäret.

Licet, quot vis, vivendo condere saecla,
Mors aeterna tamen, nihilominus illa manebit.
[Verlängerte sich auch dein Leben nach deinem Wunsche
und sähest du auch Jahrhunderte, so wird der Tod doch
ewig dir wie allen Menschen bevorstehn.
                                    Lukrez, III, v. 1105]

Und will ich euch auf einen solchen Punkt stellen, da ihr
kein Mißbehagen fühlen sollt,

In vera nescis nullum fore morte alium te,
Qui possit vivus tibi te lugere peremptum,
Stansque iacentem,
[Weißt du denn gar nicht, daß nach dem Tode du nicht
mehr ein anderer sein wirst, der dich, noch lebend, als
den Gestorbenen und, noch stehend, dich als hingestreckt
betrauern wird?   Lukrez, III, v. 898]

noch das Leben zurückwünschen, dessen Verlust ihr so beseufzt.

Nec sibi enim quisquam, tum se vitamque requirit
[...]
Nec desiderium nostri nos afficit ullum.
[Dann wünscht auch niemand mehr sich selbst oder sein Leben zurück. [...] Auch quält uns kein Bedauern mehr unserer selbst.   Lukrez, III, v. 932-935]

Der Tod ist weniger zu fürchten als nichts, wenn es etwas gäbe, das weniger wäre denn nichts.

Multo ... mortem minus ad nos esse putandum
Si minus esse potest quam nihil esse videmus.
[Der Tod ist für uns weniger als nichts,
Wofern wir etwas kennen, das weniger ist als nichts.
                                          Lukrez, III, v. 939]

Ihr habt euch weder tot noch lebend um ihn zu beküm-mern. Lebend, weil ihr seid; tot, weil ihr nicht mehr seid. Noch mehr! Niemand stirbt, bevor nicht seine Stunde ge-kommen ist. Was ihr an Zeit hinter euch laßt, war ebenso-wenig euer als die Zeit, welche vor euerer Geburt verfloß, und geht euch ebensowenig an!

Respice enim quam nil ad nos ante acta vetustas
Temporis aeterni fuerit.
[Betrachte auch, daß alle Vorzeit, in der wir nichts waren, mag ihre Dauer von Ewigkeit sein, für uns wie nicht gewe-sen ist.   Lukrez, III, v. 985]

Oder, wenn euer Leben endigt, so ist es ganz vollendet. Die Nützlichkeit des Lebens liegt nicht in seiner Länge, sondern in seiner Anwendung. Mancher zählt viele Jahre und hat doch nur kurz gelebt. Darauf seid achtsam, solange ihr da seid! Es liegt in euerem Willen, nicht in der Anzahl der Jahre, daß ihr hinlänglich gelebt habt. Dachtet ihr denn, ihr würdet nie da ankommen, worauf ihr beständig zugingt? Wißt ihr einen Weg, der nicht irgendwo hinführte? Und, wenn euch Gesellschaft behagt, geht die ganze Welt nicht eben den Gang, den ihr geht?

– – – omnia te vita perfuncta sequuntur.
[Alle Dinge folgen dir nach, wie du aus dem Leben in den Tod gehst.   Lukrez, III, v. 981]

Tanzt ihr nicht alle in einem Kreise und nach einem Takte? Gibt es eine Sache in der Welt, die nicht ebensowohl altert als ihr? Tausende von Menschen, Tausende von Tieren und Tausende von anderen Geschöpfen sterben in demselbigen Augenblick, da ihr sterbt.

Nam nox nulla diem, neque noctem aurora secuta est.
Quae non audierit mistos vagitibus aegris.
Pioratus, mortis comites et funeris atri.
[Keine Nacht folgte dem Tage, noch ein Morgenrot der Nacht, die nicht vernahmen die Stimme des Wehklagens und des Jammers, Begleiter des unerbittlichen Todes und der Leiche zum Grabe.   Lukrez, II, v. 579]

Was soll es vorstellen, daß ihr nicht vorwärts wollt, da ihr nicht zurück könnt? Ihr habt Menschen genug gesehen, die sich ganz wohl dabei befanden, indem sie dadurch großem Elend ein Ende machten. Habt ihr aber wohl jemand gesehen, der sich übel dabei befunden hätte? Nun ist es doch gar einfältig, etwas zu verdammen, das ihr weder durch eigene Erfahrung noch durch Hörensagen kennt. Warum also, Mensch, beschwerst du dich über mich und über dein Schicksal? Tun wir dir unrecht? Bist du Herr über uns oder wir über dich? Wenn auch dein Alter noch nicht vollendet wäre, dein Leben ist es. Ein kleiner Mensch ist völliger Mensch wie ein großer. Weder der Mensch selbst noch sein Leben wird nach Ellenmaß gemessen.

Chiron schlug die Unsterblichkeit aus, da er die mit ihr verknüpfte Bedingung von seinem Vater erfuhr, der selbst Gott der Zeit und der Dauer war. Bildet euch der Wahrheit gemäß vor, wie sehr ein immerwährendes Leben dem Menschen unerträglicher und lästiger sein müßte, als dasjenige ist, das ich ihm gegeben habe! Hättet ihr Menschen den Tod nicht, ihr würdet mir ohn' Unterlaß fluchen, daß ich euch desselben beraubt hätte. Mit gutem Bedacht habe ich ein wenig Bitterkeit hinzugemischt, um zu verhindern, daß ihr nicht, wenn ihr innewürdet, wie lieblich sein Genuß sei, demselben zu gierig und unbedachtsam nachjagen möchtet. Um euch in diese Mäßigung zu versetzen – wie ich von euch fordere, weder das Leben noch den Tod zu fliehn –, habe ich beides, das Süße und das Sauere, eins durchs andere, gemildert. Ich lehrte Thales, den ersten euerer Weisen, daß das Leben und das Sterben gleichgültig sind. Daher er demjenigen, der ihn fragte, warum er denn nicht sterbe, mit vieler Weisheit antwortete: Gerade darum nicht, weil es gleichgültig ist. Wasser, Erde, Luft und Feuer nebst anderen Bestandteilen meines Baues sind ebenso gute Werkzeuge deines Todes als deines Lebens. Warum fürchtest du den letzten Tag deines Lebens? Es liegt kein Gränchen mehr in der Waagschale des Todes als an jedem der übrigen. Der letzte Schritt verursacht nicht die Müdigkeit, er macht sie bloß kund. Alle Tage gehen zum Tode, der letzte langt bei ihm an. Seht Menschen, so lauten die Lehren und Weisungen unserer Mutter Natur!

Bei alledem habe ich oft nachgedacht, woher es komme, daß im Krieg der Anblick des Todes, wir mögen ihn an uns selbst oder an anderen gewahr werden, uns ohne allen Vergleich weniger schrecklich vorkommt als in unseren Wohnungen: Sonst wären unsere Heere nur Haufen von Ärzten und Klageweibern. Und da der Tod doch immer und allenthalben dasselbe Ding ist, dennoch die Landleute und andere vom niedrigsten Stande ihm durchgängig mit größerer Dreistigkeit entgegengehen als andere. Ich halte in der Tat dafür, es müssen die trostlosen Gesichter und die schauderhaften Anstalten sein, womit wir ihn umgeben, die uns mehr ängstigen als er selbst. Eine ganz neue Lebensweise; das Geweine der Mütter, der Gattinnen, der Kinder; die Besuche von gerührten, niedergeschlagenen Personen; zur Hand stehende blasse, trostlose Bediente; dunkles Zimmer; brennende Kerzen; ein von Ärzten und Priestern umzingeltes Bett, vereinigt um uns her alles, was furchtbar und schrecklich ist. Wir sehen uns schon im Sarge, im Grabe. Die Kinder fürchten sich sogar vor ihren Günstlingen, wenn sie solche verlarvt sehen. Ebenso mit uns! Man muß sowohl den Sachen als den Personen die Larven abnehmen. Ist solche weg, so finden wir dahinter nichts mehr und nichts weniger als gerade denselben Tod, welchem letzthin ein Hausknecht oder eine einfältige Zofe ohne Furcht entgegenging. Gesegnet sei der Tod, welcher zu allen diesen Zurüstungen und Anstalten keine Zeit läßt!

ZU DIESER AUSGABE

insel taschenbuch 3395: Michel de Montaigne, Über die Freundschaft. Ausgewählte Essais. Der Essai »Von der Freundschaft« folgt der Ausgabe: Michel de Montaigne, Von der Freundschaft. Übertragen von Hans Staub. © Insel Verlag Wiesbaden 1960 (Insel Bücherei 718). Die Essais »Was folgt, wenn man zu jemand sagt: Du lügst«, »Von der Reue«, »Von der Unbeständigkeit der menschlichen Handlungen«, »Über Bücher«, »Philosophieren heißt sterben lernen« folgen der Ausgabe: Michel de Montaigne, Essais. Herausgegeben von Ralph-Rainer Wuthenow. Revidierte Fassung der von Johann Joachim Bode (1730-1793) übertragenen Auswahl. © Insel Verlag Frankfurt am Main 1976 (insel taschenbuch 220). Der Essai »Von der Ungleichheit, die zwischen uns ist« folgt der Übersetzung von Johann Daniel Tietz (1729-1796), Wortlaut und Orthographie wurden modernisiert, erschienen in: Michaels Herrn von Montagne Versuche, nebst des Verfassers Leben, nach der neuesten Ausgabe des Herrn Peter Coste ins Deutsche übersetzt, 1753 und 1754. Umschlagabbildung: Zwei Freunde. Gemälde von Jacopo Pontormo © Fondazione Giorgio Cini, Venedig/Cameraphoto Arte Venezia/The Bridgeman Art Library.

Gebundene Sonderausgaben
im insel taschenbuch

Augustinus. Bekenntnisse. Einsprachige Ausgabe. Übersetzt von Joseph Bernhart. Mit einem Vorwort von Ernst Ludwig Grasmück. it 3042. 446 Seiten

Carl von Clausewitz. Vom Kriege. Mit einem Nachwort von Fredmund Malik. it 3087. 450 Seiten

Johann Wolfgang Goethe. Maximen und Reflexionen. Text der Ausgabe von 1907. Mit der Einleitung und den Erläuterungen Max Heckers. it 2975. 370 Seiten

Alexander von Humboldt. Die Kosmos-Vorträge. it 3065. 235 Seiten

Yoshida Kenkô. Betrachtungen aus der Stille. Tsurezuregusa. Übersetzt, erläutert und mit einem Nachwort von Oscar Benl. Mit zehn Holzschnitten. it 2958. 181 Seiten

Adolph Freiherr von Knigge. Über den Umgang mit Menschen. Herausgegeben und mit einem Nachwort von Gert Ueding. Mit Illustrationen von Chodowiecki u. a. it 2771. 464 Seiten

Lao-Tse. Tao-Te-King. In einer Übertragung von Erwin Rousselle. Mit einem Nachwort von Ursula Gräfe. Mit zahlreichen Abbildungen. it 2853. 112 Seiten

Marc Aurel. Selbstbetrachtungen. Übersetzt von Otto Kiefer. Mit einem Vorwort von Klaus Sallmann. it 2976. 206 Seiten

NF 70/1/11.04

Niccolò Machiavelli. Der Fürst. Übersetzt von Friedrich von Oppeln-Bronikowski. Mit einem Nachwort von Horst Günther. it 2772. 176 Seiten

Mirabeau. Der gelüftete Vorhang oder Lauras Erziehung. Übersetzt von Eva Moldenhauer. Mit einer Nachbemerkung von Norbert Miller. it 2852. 192 Seiten

Michel de Montaigne. Essais. Herausgegeben und mit einem Nachwort versehen von Ralph-Rainer Wuthenow. Revidierte Fassung. it 2814. 320 Seiten

Kakuzo Okakura. Das Buch vom Tee. Übertragen und mit einem Nachwort versehen von Horst Hammitzsch. Mit einem Essay von Irmtraud Schaarschmidt-Richter. it 2955. 144 Seiten

Ovid. Liebeskunst. Ars amatoria libri tres. nach der Übersetzung von W. Hertzberg bearbeitet von Franz Burger-München. it 3086. 112 Seiten

Platon. Das Trinkgelage oder Über den Eros. Übertragung, Nachwort und Erläuterungen von Ute Schmidt-Berger. Mit Abbildungen. it 3041. 225 Seiten

Arthur Schopenhauer. Aphorismen zur Lebensweisheit. Neue, durchgesehene Ausgabe. Erläuterungen und Nachwort von Hermann von Braunbehrens. it 2959. 256 Seiten

Seneca. Von der Seelenruhe. Philosophische Schriften und Briefe. Herausgegeben und übersetzt von Heinz Berthold. it 2954. 432 Seiten

Oscar Wilde. Märchen und Erzählungen. Übersetzt von Franz Blei und Christine Hoeppener. Mit einem Nachwort von Norbert Kohl. it 2815. 304 Seiten

»Geschenkbücher«

*Anthologien
im insel taschenbuch*

Bäume. Von Hermann Hesse. Mit farbigen Fotografien von
Pieter Jos van Limbergen. Ausgewählt von Volker Michels.
it 2378. 178 Seiten

Bäume. Das Insel-Buch der Bäume. Gedichte und Prosa.
Ausgewählt von Gottfried Honnefelder. Mit farbigen Abbildungen. it 1041. 286 Seiten

Blütenzauber. Die schönsten Blumengedichte. Ausgewählt
von Gesine Dammel. Mit farbigen Fotografien.
it 2422. 96 Seiten

Für immer und ewig. Das Buch für Paare. Ausgewählt von
Günter Stolzenberger. it 2819. 250 Seiten

Frische Feigen. Ein literarischer Früchtekorb. Gepflückt von
Hans Ulrich Hirschfelder. it 2646. 181 Seiten

Das Gartenbuch. Gedichte und Prosa. Ausgewählt von Hans
Bender. Mit farbigen Fotografien. it 1803. 273 Seiten

Gute Besserung. Geschichten und Gedichte zum Gesundlesen
Ausgewählt von Günter Stolzenberger. it 2781. 205 Seiten

Jeder Morgen will Abend werden. Betrachtungen über die
Vergänglichkeit. Ausgewählt von Herbert Schnierle-Lutz.
it 2693. 196 Seiten

Die Kunst des Schlafens. Ausgewählt von Günter Stolzenberger. it 2657. 270 Seiten

NF 72/2/4.03

Klassische deutsche Literatur
im insel taschenbuch
Eine Auswahl

Der Kanon. Die deutsche Literatur. Herausgegeben von
Marcel Reich-Ranicki.
- Erzählungen. 10 Bände und ein Begleitband im Schuber.
  5700 Seiten
- Romane. 20 Bände im Schuber. 8112 Seiten
- Dramen. 8 Bände und ein Begleitband im Schuber. 4500 Seiten

Georg Büchner. Sämtliche Werke. Die kommentierte Ausgabe des Deutschen Klassiker Verlages. Zwei Bände in Kas-
sette im insel taschenbuch. Herausgegeben von Henri Poschmann unter Mitarbeit von Rosemarie Poschmann. 2320 Seiten

Wilhelm Busch. Gedichte. Ausgewählt von Theo Schlee. Mit
Illustrationen von Wilhelm Busch. it 2531. 195 Seiten

Annette von Droste-Hülshoff
- Der Distel mystische Rose. Gedichte und Prosa. Ausge-
  wählt von Werner Fritsch. it 2193. 170 Seiten
- Die Judenbuche. Ein Sittengemälde aus dem gebirgichten
  Westfalen. Mit Illustrationen von Max Unold.
  it 399. 128 Seiten. it 3096. 108 Seiten
- Liebesgedichte. Ausgewählt von Werner Fritsch.
  it 2876. 136 Seiten
- Sämtliche Erzählungen. Herausgegeben von Manfred
  Häckel. it 1521. 234 Seiten
- Sämtliche Gedichte. Nachwort von Ricarda Huch.
  it 1092. 750 Seiten

Marie von Ebner-Eschenbach. Dorf- und Schloßgeschichten.
Ausgewählt und mit einem Nachwort versehen von Joseph
Peter Strelka. it 1272. 390 Seiten

NF 26/1/12.06